Sandra und Johann Peham

Perma- und Wildniskultur

Sandra und Johann Peham

Perma- und Wildniskultur

Mit einfachen Schritten zum Klimaschutz im eigenen Garten

Leopold Stocker Verlag
Graz – Stuttgart

Umschlaggestaltung: Werbeagentur Rypka GmbH, 8143 Dobl/Graz, www.rypka.at
Bildnachweis: Alle Bilder und Grafiken im Buch sowie auf der Umschlagvorder- und -rückseite wurden dem Verlag freundlicherweise von den Autoren zur Verfügung gestellt (so nicht anders angegeben).

Bibliografische Information der Deutschen Nationalbibliothek
Die Deutsche Nationalbibliothek verzeichnet diese Publikation in der Deutschen Nationalbibliografie; detaillierte bibliografische Daten sind im Internet über http://dnb.d-nb.de abrufbar.

Hinweis: Dieses Buch wurde auf chlorfrei gebleichtem Papier gedruckt. Die zum Schutz vor Verschmutzung verwendete Einschweißfolie ist aus Polyethylen chlor- und schwefelfrei hergestellt. Diese umweltfreundliche Folie verhält sich grundwasserneutral, ist voll recyclingfähig und verbrennt in Müllverbrennungsanlagen völlig ungiftig.

Auf Wunsch senden wir Ihnen gerne kostenlos unser Verlagsverzeichnis zu:
Leopold Stocker Verlag GmbH
Hofgasse 5/Postfach 438
A-8011 Graz
Tel.: +43 (0)316/82 16 36
Fax: +43 (0)316/83 56 12
E-Mail: stocker-verlag@stocker-verlag.com
www.stocker-verlag.com

ISBN 978-3-7020-1872-6

Layout: Werbeagentur Rypka GmbH, 8143 Dobl/Graz, www.rypka.at
Druck und Bindung: Livonia Print SIA, Lettland

INHALT

UNSER WEG ZUR PERMA-/ WILDNISKULTUR

WER WIR SIND UND WAS WIR ZU ERZÄHLEN HABEN

Hallo, wir sind die Familie Peham. Ich denke, das sagt schon einmal viel aus, wenn sich jemand nicht mit Vor- und Nachnamen vorstellt, sondern sich selbst als Teil eines Systems sieht.

Jedes unserer Familienmitglieder hat besondere Talente, Macken, Bedürfnisse, Animositäten und natürlich Stärken und Schwächen. Jeder Einzelne ist sowohl als Individuum einzigartig und wichtig als auch als Teil des Ganzen unersetzlich. Auf jeden kommt es an und jeder hat seinen besonderen Platz in der Familie, den es auszufüllen und manchmal auch zu verändern gilt, wenn sich die inneren oder äußeren Umstände wandeln.

So wie sich das System „Familie" in sich ständig wandelt und so wie sich die einzelnen Individuen mit den anderen austauschen und gegenseitig ergänzen, so

Unsere Familie: Kilian, Jakob und Lion Felix (vorne v. l. n. r.), Sandra und Johnny (hinten)

empfinden wir auch die Natur, den Garten, die Landwirtschaft ... als Kreislauf des Miteinanders. Dies bildet für uns die Grundlage unseres Handelns und Denkens und ist auf alle Lebensfelder übertragbar – also auch auf das Gärtnern und Landwirtschaften in und mit der Natur, genauer in der Permakultur und in weiterer Folge der Wildniskultur.

Gerne stellen wir uns vor und erzählen dir unsere Geschichten aus unserem Leben, wir berichten von unserer Entwicklung vom Leben eines durchschnittlichen österreichischen Konsumenten hin zum ökologisch bewussteren Denken und Handeln. Denn all unsere Entscheidungen in den letzten 17 Jahren waren geprägt von Veränderungen, Anpassungen und vor allem vom Eröffnen neuer Horizonte der Vielfalt.

Weder meinem Mann Johann Peham, den ich im weiteren Verlauf nur noch Johnny nennen werde, noch mir, Sandra Peham, war vor fast zwei Jahrzehnten klar, welchen Weg wir in Zukunft gehen werden. Ich war glücklich einen liebevollen, naturverbundenen Menschen gefunden zu haben, der mir hilft, meine starren Gedanken aufzuweichen, und bei dem ich einfach ICH sein durfte. Und Johnny war einfach happy. Ich habe selten zuvor einen so angstfreien Menschen getroffen ... schon fast einen Lebenskünstler (jedenfalls für mich, die ich ja recht konservativ und steif durch die Welt ging).

Johnny ist auf einem kleinen Nebenerwerbsbauernhof im oberösterreichischen Bezirk Ried im Innkreis aufgewachsen. Er war der Dritte von insgesamt sechs Geschwistern und beschloss mit 18 Jahren ins steirische Leoben zu gehen, um dort zu studieren. Ich bin erst viel später dahintergekommen, dass das Studium an der Montanuniversität nicht der Motivator dafür war ... Es waren die Berge und die Aussicht darauf, endlich Freiheit in der wilden Natur zu genießen. Das Studium war nur Beiwerk.

Als wir ein Paar wurden, arbeitete ich gerade als Kindergartenpädagogin in Wien. Recht schnell wurde uns klar, dass wir unsere Leben miteinander verbinden wollen und so zog ich kurzentschlossen in meine Heimatstadt Leoben zurück.

Irgendwie dachte ich, dass mein bisheriges Leben nun, nur unter anderen Bedingungen, so weitergehen würde: Als Pädagogin arbeiten, Geld verdienen, Wohnung einrichten, Urlaube machen, bald mal Kinder haben und natürlich heiraten. So richtig vorprogrammiert. Nun mit Johnny zwar mit mehr Naturerlebnissen und etwas lockerer, aber trotzdem „regelkonform“. Ich weiß eigentlich nicht so recht, ob Johnny das alles auch so sah, vermute aber, dass er mich aus Liebe gewähren ließ. Im Wissen, dass er sich dort, wo es ihm wichtig erscheint, durchsetzen wird.

Jetzt fragst du dich wahrscheinlich: „Was hat das alles mit Permakultur zu tun? Und warum, in Gottes Namen, glaubt sie, dass mich das interessiert?“

Ich kann dich gut verstehen! Doch genau dieser Rückblick auf unsere Ausgangsbasis und auf die Ereignisse, die daraufhin unser Leben verändert und geformt haben, erklärt, warum wir uns so sehr einer nachhaltigen Lebensweise und der „Ökologie des Wachstums“ verschrieben haben!

Im Dezember 2000 heirateten wir und bald darauf sollte sich Nachwuchs einstellen. Für Ende September 2002 kündigte sich unser erstes Kind an. Doch das Leben stellte uns als Eltern und unseren Kilian als Kind vor eine große Herausforderung: Kilian kam, viereinhalb Monate zu früh, im Mai 2002 in Leoben auf die Welt. Obwohl ich Kindergartenpädagogin bin und mich immer mit Kindern und ihrem Wachstum und ihrer Entwicklung auseinandergesetzt habe, war bis dahin „Frühgeburtlichkeit" nicht im Zentrum meiner Aufmerksamkeit.

Kilian wog 630 g und war knapp 30 cm lang. Unser erster Berührungskontakt erfolgte durch ein Loch im Inkubator. Niemand konnte uns sagen, ob und wie Kilian weiterleben würde. Er wurde beatmet und war so winzig! Ich wurde das erste Mal in meinem Leben emotional von dieser Erde geschossen, wusste nicht, wie ich mit der Situation umgehen sollte, und sollte doch jeden Tag bereit sein mich auf Neues einzustellen.

Johnny war der Fels in der Brandung. Beruflich war er unter der Woche viel unterwegs, aber jede freie Minute kümmerte er sich um Kilian und mich. Ab diesem Zeitpunkt entwickelten wir als Paar, als Familie und als Einzelpersonen für uns grundlegende Prinzipien, die sich in den darauffolgenden Jahren festigen und in verschiedenen Lebensbereichen wiederspiegeln würden: die **Erfahrungen der WILDNISKULTUR!**

DIE NATUR DER ERNÄHRUNG UND WIE DARAUS LEBENS-/WILDNISKULTURERFAHRUNGEN ENTSTEHEN

In dieser angespannten Zeit passierte etwas, dass mich als Mensch verändert hat: Ich war nun für jemanden verantwortlich, der mich zu 100 % brauchte. Der davon abhängig war, dass Menschen für ihn lebenswichtige Entscheidungen fällten. Der davon abhängig war, dass die Entscheidungen, die von Ärzten und Krankenschwestern getroffen worden waren, hinterfragt wurden, um die bestmöglichen Rahmenbedingungen für ein möglichst gesundes Leben zu garantieren.

Ich empfinde es noch heute als Segen, dass sich die Krankenschwestern der Frühgeburtenstation so intensiv darum bemüht haben, dass ich, obwohl Kilian noch lange Zeit nicht gestillt werden konnte, gelernt habe mit Milchpumpen umzugehen. Bis dorthin habe ich, ehrlich gesagt, nicht einmal gewusst, dass es so etwas – und vor allem in so vielen Ausführungen – überhaupt gibt. Die Stillberaterinnen auf der Station machten mir klar, wie wichtig es für Kilian sei, dass er sobald als möglich Muttermilch via Sonde bekommt und dass dies der einzige Weg sei ihn optimal zu begleiten. Unser Ziel musste es sein, dass Kilian überlebt, stark wird und möglichst bald selbstständig atmen und in weiterer Folge auch an der Brust trinken konnte. Sie klärten uns über die positiven Inhaltsstoffe der Muttermilch auf und ich wurde zur Expertin für Milchpumpen.

Kilian entwickelte sich dank liebevoller Pflege, intensiven Kuschelkontakten, „Känguruhing" und Farbtherapie (wir arbeiteten mit bunten Tüchern) wunderbar. Wir trainierten gemeinsam regelmäßig das Saugen und nach einigen Monaten war Kilian ein vollgestilltes, gesundes Baby. Diese intensive Beschäftigung mit dem Stillen und dessen positiven Auswirkungen war mein erster bewusster Kontakt mit dem Thema „natürliche, gesunde Ernährung“ und „Achtsamkeit im Beobachten und Handeln“.

ERFAHRUNG 1:

„Gesundes ökologisches Wachstum ist auf wenige, natürliche Baustoffe angewiesen.“
Jedes Lebewesen braucht sein individuelles Habitat und eine für sich vorbereitete Umgebung ... und wenn es diese nicht gibt, dann darf ich sie mir achtsam und wertschätzend herrichten.

Im September 2002, genau zum errechneten Geburtstermin, hatte Kilian stolze 3000 g und war 50 cm groß. Ich weiß noch, dass ich mir damals gedacht habe: „So, jetzt ist das Schlimmste überstanden!“ Dem war aber nicht so!

Mitte September mussten wir mit Kilian ins Krankenhaus, da er nicht mehr aufhörte zu weinen. Im LKH Leoben wurde zuerst ein Durchfallvirus (Rotavirus) festgestellt. Doch der Zustand Kilians wurde immer bedenklicher und nach einigen Stunden hing sein Leben am seidenen Faden. Er wurde ins LKH Graz überstellt, wo uns vom Chirurgen erklärt wurde, dass er unseren Sohn jetzt am Darm operieren würde. Dieser hätte sich um 180 Grad verdreht (Volvulus) und sei durchgebrochen. Sehr einfühlsam bat er uns, uns von Kilian zu verabschieden, da es wahrscheinlich sei, dass wir ihn nicht mehr lebend wiedersehen würden.

Nun erlebten wir den nächsten Quantensprung in unserer Entwicklung, der uns von nun an einen neuen Fokus auf unser Leben geben würde: Wir waren durcheinander, verängstigt und fühlten uns der Situation

Johnny am Wildniskulturspielplatz in Übelbach

völlig ausgeliefert ... Trotzdem wurde uns klar, dass wir nun Verantwortung für Kilian übernehmen mussten, die in diesem Fall so aussah, dass wir den Chirurgen das Gefühl geben mussten, dass wir ihnen vertrauen, damit sie völlig angstfrei in den OP gehen konnten.

Also sagte ich, ohne lange darüber nachzudenken: „Nehmen Sie unseren Kilian mit und tun Sie bitte für ihn, was Sie können! Aber seien Sie sich sicher, dass wir ihn lebend wiedersehen werden, weil ich das einfach weiß! Haben Sie bitte keine Angst!" Der Chirurg schaute uns staunend an und versprach, sein Bestes zu geben. Unzählige Stunden des Wartens, Weinens und der Angst, die wir teils im LKH Graz, teils bei unserer lieben Freundin Irmgard verbrachten, lagen vor uns. Ganz von selbst war das nächste wichtige Prinzip unseres Lebens wirksam geworden:

ERFAHRUNG 2:

„Verantwortung für die Situation übernehmen und Vertrauen entwickeln!"

Nach vielen Stunden im OP kam Kilian lebend, aber schwer gezeichnet zurück. Viele Monate auf der Intensivstation der Kinderklinik und viele Komplikationen und Herausforderungen sollten folgen. Johnny las sich in medizinische Abhandlungen über das Verdauungssystem ein und stieß nach einer Weile auf die Inhaltsangabe der zu der Zeit üblichen Sechsfach-Impfung fur Babys, die im Mutter-Kind-Pass empfohlen wurde. Nach eingehenden Recherchen kamen wir zum erschreckenden Ergebnis, dass diese Impfung, die von den Ärzten vor der Entlassung Kilians aus der Frühgeburtenstation in Leoben vorgenommen wurde, wesentlichen Einfluss vor allem auf den noch unreifen Darm von Frühchen nehmen und diesen schädigen kann.

Es kann also davon ausgegangen werden, dass diese Impfung, die kurz vor dem Volvulus injiziert worden war, der Auslöser für die Darmverdrehung war. Richtig verstanden und unsere persönlichen Rückschlüsse für uns und unsere Kinder daraus gezogen haben wir natürlich erst viel später. Denn in dem Moment, wo du um das Leben deines Kindes bangst, hast du keine Kraft dich mit allen Aspekten auseinanderzusetzen. Deine Aufgabe ist es, so haben Johnny und ich das gesehen, voll und ganz den Fokus auf das Leben des Kindes zu richten und alles andere zu bedenken, abzuspeichern und langsam ein großes Ganzes zu formen.

An dem Tag, an dem unser Kilian notoperiert wurde, war es definitiv: Unser Leben würde von nun an anders verlaufen, als wir es uns jemals vorgestellt hatten.

Kilian hat seit damals nur noch ein Drittel seines Darms. Dies inkludiert Dickdarm und Dünndarm. Johnny wurde zum absoluten Darmexperten. Er las jedes Buch zu diesem Thema und unterstützte mich darin, weiter meine Muttermilch abzupumpen, obwohl Kilian diese nicht mehr bekommen durfte. Seine Ernährung beschränkte sich auf minimale Mengen Sondenernährung. Ständig bestand die Möglichkeit, dass er diese nicht verträgt. Der Nahrungsaufbau gestaltete sich als schwierig. An der Brust trinken konnte und durfte er nicht, da er die Muttermilch in ihrer Komplexität womöglich nicht vertragen würde. Wir gingen dazu über, ihn in der abgepumpten Milch zu baden. Mit dieser Art der Pflege legte er sich nie wund und trotz seiner 25 bis

30 Stühle am Tag (durch die kurze Darmpassage geht die Nahrung fast ungefiltert durch den Verdauungsapparat) war sein Po nie wund. Noch etwas anderes konnte dadurch bewirkt werden, allerdings haben wir das dann erst viel später einmal gelesen: Durch das Baden in Muttermilch kam Kilian mit Laktose in Berührung. Obwohl auch dieser Abschnitt des Darmes, in dem Laktose aufgespalten werden kann, fehlt, ist er nun, mit 17 Jahren, nicht laktoseintolerant! Sein Körper wurde durch das tägliche Baden in Muttermilch darauf trainiert, mit Laktose umzugehen.

Auch heute noch versuchen wir tierische Milchprodukte in seiner Ernährung großteils zu vermeiden. Milchprodukte, die der Körper basisch verstoffwechselt, wie Butter oder Sahne in kleinen Mengen werden von Kilian sehr gut vertragen.

Wir erkannten das nächste Prinzip, dem wir in weiterer Zukunft viel Raum geben würden:

ERFAHRUNG 3:

„Stärke durch achtsame Konfrontation mit Herausforderungen und Vertrauen in die Natur der Sache."

Jeder Organismus ist einzigartig und braucht seine Grundbedingungen, um gesund wachsen zu können. Es ist aber wichtig, nicht immer alle Schwierigkeiten aus dem Weg zu räumen, um Wachstum zu fördern: Überleg dir Alternativen, achte auf Vielfalt. Das gilt für deine Pflanzen im Garten genauso wie für dich und deine Mitmenschen.

Hier ein Beispiel: Jedes Samenkorn hat in sich abgespeichert, wann der beste Zeitpunkt zum Keimen gekommen ist. Säe ich nun mein Beet ein, gieße ich die Samen und warte ich nicht, wie in der Natur vorgegeben, auf den nächsten Regen, dann wird sich mein Same an meine Hege und Pflege gewöhnen, er wird abhängig davon, dass ich ihn bis zum Erwachsenenalter betreue. Anders verhält sich eine Pflanze, die als Samenkorn nicht gegossen, sondern durch Regen zum Wachsen angeregt wird. Sie ist robuster und besser an klimatische Bedingungen angepasst. Siehst du vielleicht einen Zusammenhang zur Entwicklung vom Kind zum Erwachsenen?

Das Thema „Darmgesundheit" beherrscht natürlich seit dieser Zeit unser Leben. Wir wurden von der Schulmedizin immer gut begleitet, fanden aber oft eigene, gegebenenfalls erfolgreichere Wege, mit Situationen umzugehen. So konnten wir zum Beispiel durch die Erfahrungen mit Kilians doch sehr angespannter Ernährungssituation Rückschlüsse auf die Aufnahme von Inhaltsstoffen (Vitamine, Mineralstoffe ...) von biologischen, konventionellen und „natürlich gewachsenen" Lebensmitteln durch den Organismus ziehen:

- **Konventionell produzierte Lebensmittel** sind häufig chemisch behandelt und belasten den Körper mehr, als dass sie ihn unterstützen (Kilian reagiert darauf mit starken Durchfällen).
- **Biologische Lebensmittel** werden zwar mit anderen und viel weniger Stoffen behandelt, werden aber oft in Massenproduktion und unter geschützten Bedingungen (beispielsweise im Glashaus) hergestellt; Kilian nimmt die Nährstoffe zwar besser auf, braucht aber große Mengen davon, um seinen Körper grundzuversorgen.
- **„Natürlich gewachsene Lebensmittel"** eignen sich für seine Ernährung am besten.

Sie beinhalten alle Inhaltsstoffe, die die Pflanze im optimalen Fall herstellen kann. Diese besitzen einen hohen Grad an Bioverfügbarkeit, das heißt, unser menschlicher Körper kann sie optimal aufnehmen.

Durch dieses Wissen entstand die nächste Erfahrung:

ERFAHRUNG 4:

„Natürlich gewachsene Pflanzen sind allen anderen für eine gesunde Ernährung vorzuziehen. Sie benötigen eine natürliche Umgebung, die sie fördert und fordert."

Auf diesen Leitsatz und darauf, wie du deine Pflanzen beim „natürlichen Wachsen" von Anfang an unterstützen kannst, werden wir im Laufe dieses Buches noch intensiv eingehen.

Als aufmerksamer Leser bzw. aufmerksame Leserin hast du sicher schon bemerkt, dass wir in unser Thema „Basiswissen der Wildniskultur" schon eingetaucht sind! Ja, so kann es gehen – und so ist es meistens – durch entscheidende Veränderungen in unserem Leben beginnen wir die Welt mit anderen Augen zu sehen. Bis dahin Unwesentliches kann ganz groß werden ... und angeblich Großes wird ganz klein.

Unsere gemeinsame Geschichte mit unserem Sohn Kilian führte uns auf unseren „Weg zur Perma-/Wildniskultur" und nahm mit einer chronischen Krankheit, genannt „Kurzdarmsyndrom", seinen Anfang. Durch diese Krankheit, die selten ist und auch bei jedem betroffenen Patienten anders verläuft, haben wir als Eltern die Möglichkeit erhalten, uns als Menschen besser kennenzulernen, uns selbst in Frage zu stellen und vor allem: selbst die Verantwortung für unser Tun und Denken zu übernehmen.

Kilian dabei zu helfen, so gesund wie möglich zu sein, nimmt viel Raum in unserem Familienleben ein. Seine Brüder, Lion-Felix und Jakob, wurden 2004 und 2006 geboren. Das Gründen einer für unsere derzeitige Gesellschaft unüblich großen Familie stieß nicht immer auf Verständnis. Wir jedoch waren und sind der Meinung, dass dies das Lebenskonzept ist, dass für uns, Johnny und

Wildniskultur heißt natürliches Wachstum.

Sandra, das richtige ist. Wir waren beide der Meinung, dass Kilians Leben voraussichtlich so „anders“ verlaufen würde, dass ein klein wenig Normalität im Familienalltag sich für uns alle sehr positiv auswirken würde. Natürlich hoffen wir, dass das unsere Jungs genauso sehen.

Jedes Kind hat wieder Neues in uns hervorgebracht. Während ich mich nach Lions Geburt hauptsächlich um die zeitlich doch sehr intensive Pflege der beiden Jungs kümmerte, versuchte Johnny, soweit es Kilians Gesundheit zuließ, die Familie finanziell zu versorgen. Parallel machte er eine Ausbildung zum Fitness- und Gesundheitscoach. Seine Abschlussarbeit schrieb er über „Mineralstoffe und Spurenelemente und deren Wirksamkeit“. Durch diesen tieferen Zugang zur Materie wurde klar, dass wir in Zukunft, vor allem um die Versorgung unserer Familie mit allen Inhaltstoffen, die für sie wichtig sind, zu gewährleisten, unsere selbst vorgezogenen und unter natürlichen Bedingungen gewachsenen Früchte und Kräuter anbauen werden. Der Wunsch nach möglichst weitgehender Selbstversorgung war geboren!

Nach der Geburt unseres dritten Kindes zogen wir aus beruflichen Gründen für einige Jahre nach Oberösterreich, nach Bachmanning im Bezirk Wels-Land. Das war auch etwa die Zeit, als wir mit der Permakultur in Berührung kamen. Das erste Buch über Permakultur kaufte ich Johnny zu Weihnachten 2006. Kurz davor hatten wir einen Bericht im Fernsehen über den „Agrarrebellen“ Sepp Holzer, einen Bergbauern aus dem Salzburger Lungau, gesehen und verfolgten die kontroverse Diskussion über ihn und sein Tun. Johnny und mir gefiel Sepps direkte Art und sein kompromissloses Handeln für die Natur. Seine „Holzer'sche Permakultur“ faszinierte uns vor allem wegen ihres Umgangs mit dem Thema „Wasser“ und durch das „Denken und Planen“ über den Tellerrand hinaus.

Da es auch in unserem Umkreis interessante permakulturelle Initiativen gab, hörten wir uns einen Vortrag von Bernhard Gruber, einem Permakultur-Designer aus Wels, an. Am meisten faszinierten mich dort der „Hühnertraktor“ und der Einsatz der Hühner im Garten als Helfer. Beide Männer boten Ausbildungen an und es war klar, dass einer von uns, entweder Johnny oder ich, eine dieser Ausbildungen machen sollte.

Da wir mit unseren drei Kindern, und vor allem durch Kilians immer wieder angespannte Gesundheitssituation, nicht die Möglichkeiten hatten beide Ausbildungen zu machen, mussten wir eine Entscheidung treffen. Zu diesem Zeitpunkt war uns noch gar nicht klar, dass es in der „Permakultur“ mindestens zwei Strömungen gibt und wie sehr die Auseinandersetzung zwischen den „Anhängern“ dieser Wege uns noch betreffen würde.

Meine Mutter bot uns an, unsere Jungs für drei Tage zu betreuen, sodass Johnny und ich ein Drei-Tages-Seminar mit Sepp Holzer auf seinem „Krameterhof“ machen konnten. Dort fiel bei uns der Groschen, wie man so schön sagt!

Dieser 45 ha große Bergbauernhof in der kältesten Region Österreichs wurde von Sepp über Jahrzehnte terrassiert, in Mischkultur bepflanzt und mit Tieren bewirtschaftet. Wenn du dort auf dem Berg stehst und ringsum den Zustand der Flächen und Wälder im direkten Vergleich zum „Krameterhof“ siehst, fängst du an zu verstehen, worum es sich bei nachhaltiger, ökologischer Bewirtschaftung dreht. Und voilà: Der nächste Leitsatz lag klar auf der Hand und wartete auf Umsetzung:

ERFAHRUNG 5:

> **„Gestalten und renaturieren im Kleinen wie im Großen zum Wohle von Mensch, Tier und Pflanze! Im Mittelpunkt stehen immer die Natur und ihre Zusammenhänge ... der Mensch mit seinen Vorstellungen von Ästhetik und Notwendigkeiten stellt sich in den Hintergrund!"**

Hier einige Möglichkeiten der Gestaltung:

- **Vielfalt der Vegetation** = Verringerung der Bodenerosion durch Tief- und Flachwurzler. Bei Sepp standen wir im Dschungel, rundherum bei den Nachbarn herrschte der Borkenkäfer und Stürme konnten durch die Bewirtschaftung in Fichtenmonokulturen großen Schaden anrichten.
- **Terrassierung von Hängen** = Das Wasser bleibt so lange wie möglich auf dem Grundstück – im Gegensatz zur Drainagierung von Hängen unter anderem durch intensiven Forststraßenbau. Durch das Halten des Wassers am Grundstück kann sich die Feuchtigkeit lange halten, die Versorgung der Pflanzen ist gewährleistet.
- **Anlegen von Wasserretentionsbecken** = Durch das Anlegen dieser Becken (Teiche/Biotope) halte ich ebenfalls das Wasser länger auf meinem Grundstück. Es ist eindrucksvoll zu sehen, wie auf dem Krameterhof das Wasser von oben auf dem Berg bis nach unten in modellierte Becken, die die Natur zum Vorbild haben und natürlich folienfrei sind, geleitet wird. Richtiges Wassermanagement sorgt für gutes Pflanzenwachstum und Diversität.

Direkt nach dem Seminar entschlossen wir uns dazu, dass Johnny den nächsten Ausbildungslehrgang bei Sepp Holzer machen würde. Einfach war es für uns nicht, die Summe für die Ausbildung aufzubringen, aber das Herz und der Bauch sagten mit aller Bestimmtheit JA! Da es weder zeitlich noch finanziell möglich war, dass wir beide die Ausbildung machten, einigten wir uns darauf, dass Johnny diese Chance wahrnimmt und mir so viel wie möglich vom Erfahrenen und Erlernten weitergibt.

Unser größtes Anliegen war es, wie schon erwähnt, uns und unsere Kinder, im Besonderen Kilian, so natürlich wie möglich zu ernähren. Mir war es besonders wichtig dies ohne Druck zu tun. Selbstversorgung bedeutet für uns, alles was uns mit unseren Ressourcen an Zeit, Energie, Kreativität, Wissen, Erfahrung und Finanziellem zur Verfügung steht für uns als Gruppe einzusetzen, um möglichst unabhängig von großen Konzernen zu sein. Recht schnell ließ sich ein weiteres Lebensprinzip für uns daraus ableiten:

ERFAHRUNG 6:

> **„Selbstversorgung heißt sich an die Gegebenheiten anzupassen und mit anderen (Mensch, Tier, Pflanze, Wasser, Erde) in Beziehung zu treten."**
> Die größte Unabhängigkeit und die größte finanzielle Einsparung erreiche ich dann, wenn ich mein Obst, Gemüse, meine Kräuter und gegebenenfalls meine tierischen Produkte selbst vorziehe bzw. herstelle.

In unserem Innenhof in Oberösterreich begann Johnny eine kleine Gartenanlage im Kreislauf mit der Natur zu gestalten. Ich nannte sie liebevoll das „1. Permakultur-Minimundus“ (beschrieben in der 1. Auflage des Buches „Jedem sein Grün“). Auf einer Fläche von ungefähr 50 m² entstand eine Gartenlandschaft, die die Sandkiste der Kinder gleich inkludierte. Ein Pyramidenbeet für Gemüse, ein Kräuterhügel, ein Mini-Teich für unsere tierischen Helfer, die Laufenten, ein bepflanzter „Jakob-Zaun“ (das war jener Zaun, der vor allem unseren Jüngsten vor den Autos, die in den Hof fuhren, schützen sollte) sowie eine Bepflanzung des Sandkistenrandes und damit die Begrünung der Stadelwand mit Paradeisern (Tomaten) waren Teil des Konzeptes.

Einfach genial, wie alles funktionierte! Von Anfang an wuchsen die Pflanzen in bunter Mischkultur mit Sonnenblumen, Radieschen, Salaten, Karotten, Rüben und Co. Die Laufenten fungierten als Schneckenfresser …

Wir waren begeistert und unsere Kinder halfen beim Ernten und Verarbeiten fleißig mit. Jetzt nach all den Jahren sind die

Entenküken in der angelegten Lacke, Bachmanning, Oberösterreich

Kräuterhügel im Innenhof, Bachmanning, Oberösterreich

Unser Pyramidenbeet

Jungs Teil des „Permakultur-Wildniskultur-Arbeitsteams" und arbeiten weitgehend selbstständig bei der Vorzucht der Pflanzen, beim Anlegen von Beeten, beim Bewirtschaften eben dieser und auch bei der Verwertung der Früchte.

Durch unser „Permakultur-Minimundus" erfuhren wir Folgendes:

ERFAHRUNG 7:

„Nachhaltiges Gärtnern und Landwirtschaften heißt Kreisläufe zu installieren oder zu bewahren!"

Die Besonderheit der Kreislaufwirtschaft liegt in der Vielfachwirkung der einzelnen Elemente und darin, dass diese Elemente zusammenhängen: Das Wasser steht im Zentrum. Ein Wasserretentionsbecken liefert Feuchtigkeit – sowohl unterirdisch als auch oberirdisch durch morgendliche Taubildung. Dadurch ist für einen ausreichenden Temperaturausgleich gesorgt. Dadurch braucht der Garten, außer in extremen und langen Dürreperioden, nicht gegossen zu werden. Die Pflanzen entwickeln durch das fehlende „Verhätscheltwerden" tiefe Wurzeln, sie werden stark und unabhängig. Diese Pflanzen wiederum entwickeln einen hohen Grad an Mineralstoffen, Vitaminen, Spurenelementen usw., die wiederum von uns Menschen gut aufgenommen werden (Bioverfügbarkeit). Ihre Samen haben großes genetisches Potential und werden, wenn sie reif sind, geerntet und dienen im nächsten Jahr als Saatgut für den Garten bzw. die Landwirtschaft.

Allein hier in dieser Schilderung habe ich schon wichtige Kreisläufe beschrieben und du siehst: Alles hat einen Mehrfachnutzen!

ERFAHRUNG 8:

„Gießfreie/gießarme und arbeitsextensive Gärten sind das Ziel und möglich!"

ERFAHRUNG 9:

„Das Planen eines Kreislaufgartens ist notwendig und sinnvoll!"
Wenn du die Möglichkeit hast, deinen Garten zu gestalten, empfehlen wir dir eine sorgfältige Planung. Glaube uns, die macht sich bezahlt! Ein gut durchdachtes Wegesystem erleichtert dir zum Beispiel das Arbeiten und Ernten. (Details dazu, wie du einen nachhaltigen Kreislaufgarten planen kannst, erfährst du im Kapitel: „Die Wichtigkeit des großen Ganzen")

Die Ausbildung zum „Permakulturpraktiker" inkludierte auch eine längere Reise nach Spanien zu einigen von Sepp Holzer groß angelegten Permakulturlandschaften. Das dort Erlebte und Gesehene beeinflusste Johnny sehr. Er sah unglaubliche Trockenheit und das Sterben der uralten Stein- und Korkeichen. Parallel dazu wurde das „Wunder Permakultur" durch die Holzer'schen Projekte sichtbar. Durch die Schaffung von großen Seen und Teichen und die Bepflanzung in Mischkulturen konnte er richtiggehend fühlen, wie sich Fauna und Flora langsam erholten. Auch nach Abschluss der Ausbildung begleitete Johnny Sepp Holzer auf Beratungen, oft gemeinsam mit unserer Kollegin Judith Anger. Diese gründete den Verein „PermaVitae", bei dem wir sofort Mitglieder wurden und bis heute im Vorstand tätig sind.

Nachdem Johnnys Erzählungen so eindringlich waren und wir uns immer tiefer in die Materie eingelesen und eingelebt hatten, war klar: Juhuuu, **Johnny hat seine Berufung gefunden! Er IST Permakulturpraktiker** und wird sich damit selbstständig machen, um die Zeit zu haben, sich ganz der Materie hinzugeben und möglichst viele Menschen zu erreichen. Denn wir sind überzeugt: Mit dieser Art des natürlichen Kreislaufwirtschaftens können wir unser Klima und damit die Welt retten!

Sein technisches Studium und generell seine Liebe zur Mathematik und den Naturwissenschaften kamen ihm bei seinem Unterfangen sehr gelegen. Er entwickelte über die Jahre ein Gespür für die Landschaft, das mich, wenn ich ihn zu Beratungen begleite, jedes Mal wieder fasziniert. Er wurde zum „Landschaftsleser"! Natürliche Zusammenhänge zu erfassen fällt ihm ganz leicht. Dazu erkennt er auch die Möglichkeiten, karge, kranke, unrentable oder einfach brachliegende Grundstücke zu vielfältigen, lebenden Paradiesen zu gestalten und kann diese Vorstellungen aufgrund seines technischen Verständnisses auch in die Praxis umsetzen. Mittlerweile hielten tonnenweise Bücher über Pflanzen, Holzbauten, Teichbauten, Weidenbauten, Mischkultur usw. in unsere Bibliothek Einzug und wurden von ihm alle gelesen und studiert. Natürlich brauchten wir auch den nötigen Platz, um alles auszuprobieren. Der war in unserem Innenhof nicht mehr gegeben. Daher suchten wir einen neuen Lebensraum, um das Erfahrene nicht nur für Kundinnen und Kunden, sondern auch für uns als Familie anzuwenden.

Es traf sich daher recht gut, dass Johnny und Judith einen Großgrundbesitzer kennenlernten, der in der Steiermark, genauer gesagt in unserem derzeitigen Heimatort Übelbach, ein großes Permakulturprojekt umsetzen wollte. So fuhren wir immer wieder in die Steiermark und nahmen auch die Jungs mit, um einander kennenzulernen und Planungsschritte einzuleiten. Nach einiger Zeit beschlossen wir, bis zur vollkommenen Umsetzung des Projektes ein Haus

mit großem Garten in Übelbach zu mieten. Gesagt, getan! Die Jungs liebten ihr neues Zuhause am Waldrand, den Bach, der in direkter Nachbarschaft war, und unsere Nachbarn wurden schon bald zu unseren Freunden. Alles bestens, so sollte man meinen. War es auch, bis auf die Kleinigkeit, dass das Projekt nur sehr, sehr zögerlich in Angriff genommen wurde und wir meinten, dass die Herangehensweise eher für alleinstehende Studenten als für eine Familie mit drei Kindern passte. Bis wir dahinterkamen, dass dieses Projekt in seiner Dynamik nicht zu uns passte, gefiel es uns aber schon so sehr in unserem neuen Zuhause, dass wir nicht mehr wegwollten.

Beseelt von dem Gedanken, die Welt wenigstens ein kleines bisschen zum Positiven zu verändern und den Menschen Permakultur als nachhaltig ökologische Möglichkeit näherzubringen, überlegten wir uns etwas anderes, mit dem man viele Menschen erreichen kann.

DER NÄCHSTE SCHRITT: DIE „ESSBARE GEMEINDE"

2012 kam die Idee der „Essbaren Gemeinde" auf. „Essbare Städte", wie zum Beispiel Andernach am Rhein, machten es vor: Öffentliche Flächen werden zu öffentlichen Gärten. Welch eine große Chance für die Umwelt und damit für die Menschen, wenn es in jeder Gemeinde, in jeder Stadt öffentlich zugängliche, für jeden nutzbare und ökologisch wertvolle Gärten gäbe!

Kurzentschlossen schrieb ich dem Bürgermeister von Übelbach ein E-Mail und sendete einen Link über die Stadt Andernach mit. Und wirklich: Unser Bürgermeister, Ing. Markus Windisch, lud uns, obwohl wir uns damals noch nicht persönlich kannten, zu einem Gespräch ein. Er zeigte sich von der nachhaltigen Nutzung gemeindeeigener Flächen begeistert. Im Frühjahr 2013 war es dann so weit: Gemeinsam mit Margarete Strugger, einem Vereinsmitglied von „PermaVitae" und ebenfalls Permakulturpraktikerin, plante Johnny die Umgestaltung der bisher brachliegenden Parkfläche neben der Volksschule Übelbach zum „Essbaren Spielplatz" als Teil der „1. Essbaren Gemeinde Österreichs/Übelbach".

Denn auch auf anderen Grundstücken der Gemeinde wurde vom Obst- und Gartenbauverein Übelbach gegärtnert. Das Besondere war, und ist es noch immer, dass es zur „Essbaren Gemeinde Übelbach" einen einstimmigen Gemeinderatsbeschluss aller Gemeindevertreter gibt, der besagt, dass auf freien Übelbacher Flächen, nach Absprache mit der Gemeinde Übelbach, gegärtnert werden darf.

Damit dies alles geschehen konnte und die Bevölkerung sowie auch die Medien über dieses großartige Unterfangen informiert wurden, bedurfte es vieler Stunden Arbeit am Computer, Telefon und bei der Umgestaltung und Bewirtschaftung des entstandenen „Essbaren Spielplatzes". Johnny und mir war es wichtig, möglichst vielen Menschen von der Notwendigkeit zu berichten, mit unseren Ressourcen achtsamer umzugehen. Es ist für unser Klima und für unser aller Zukunft unglaublich wichtig, dass wir die Natur und ihre Vorgänge ins Zentrum der Aufmerksamkeit rücken und unser ästhetisches Auge wieder neu ausrichten!

Nicht akribisch geschnittener Rasen, Vorgärten mit Steinpflasterung, kilometerlange Hecken aus Thujen, Miniaturhochbeete mit Plastikfolie und unkrautfreie Nutzgärten sind unsere Zukunft, sondern Oasen der Vielfalt! Orte, wo der Mensch sich zurücknimmt, der Natur ihren Platz zurückgibt und wieder lernt, mit ihr zu kommunizieren. Solch einen Ort wollten wir mit dem „Essbaren Spielplatz" schaffen und zum großen Teil ist dies trotz immer wieder aufkeimender Proteste von Teilen der Bevölkerung auch gelungen.

Jetzt fragst du dich vielleicht: „Warum Proteste? Wer kann denn da etwas dagegen haben?" Ja, das fragten wir uns auch. Faktum ist, dass selbst Menschen, die selbst gerne gärtnern und sich auch als Naturgärtner verstehen, spätestens im Herbst mit einer wirklich nachhaltigen Art und Weise der Bewirtschaftung Probleme haben. Aus einem Grund: Es schaut für sie nicht schön aus! Die Pflanzen dürfen in der Perma- und Wildniskultur nämlich stehen bleiben. Egal ob geerntet oder nicht, ob Sonnenblume, ausgewachsene Radieschen oder Salate – alles darf und soll so bleiben, wie es ist. Und das aus einem einfachen Grund:

ERFAHRUNG 10:

„Nicht winterfest, sondern frühlingsfit machen!"

Auf die Frage der Menschen bei Führungen, Workshops und Seminaren, warum denn all die Pflanzen nicht weggeräumt werden sollen, gibt Johnny gerne diese Antwort: „Stell dir vor, du wärst ein kleines Insekt und suchst zum Beispiel in einem vertrockneten Sonnenblumenstängel Unterschlupf und bereitest dich auf den Winter vor. Wie würdest du dich fühlen, wenn dir plötzlich dein Haus weggenommen wird? Wo solltest du hin?" Macht Sinn, oder? Überall in den Gärten schießen Insektenhotels aus dem Boden, oft ohne dass darüber nachgedacht wird, ob denn die Insekten dort, wo das „Hotel" steht, auch Nahrung haben. Die einfachste Lösung wäre also, den Insekten das ganze Jahr über Wohnmöglichkeiten zur Verfügung zu stellen, indem wir sie ihnen, in der wichtigsten Zeit, gleich gar nicht wegnehmen!

Mittlerweile sind wir stolz darauf, dass wir mit unserem Tun vielleicht auch ein wenig zum Umdenken anregen und angeregt haben. Immer wieder kommen Menschen in unsere Gemeinde, um diesen essbaren Platz zu sehen und sich Impulse für ihre Gärten und Gemeinden mitzunehmen. Viele andere Gemeinden aus Österreich und dem Ausland ließen sich schon inspirieren und gerne sind wir beim Aufbau dieser „Essbaren Gemeinden der Vielfalt" mit unserer Erfahrung behilflich. Wenn dich das Thema „Essbare, bunte Gemeinden" interessiert, dann findest du viele interessante Beiträge im Internet. Unter anderem auch über die „1. Essbare Gemeinde Österreichs/Übelbach".

Johnny und ich verwendeten für die Art und Weise des Gestaltens und Bewirtschaftens den Begriff „Permakultur". Wir hatten das Gefühl, dass mit diesem Ausdruck schon viele Menschen etwas anfangen konnten. Allerdings kamen wir im Laufe der Jahre, gemeinsam mit unserer Kollegin Judith Anger, dahinter, dass mit diesem Begriff oft recht salopp um sich geworfen wird und dass das, was wir damit meinen, oft gar nicht das ist, was andere darunter verstehen. Für uns bedeutet Permakultur nämlich die Ganzheit und das Denken in großen Dimensionen. Also wurde eines Tages bei einem Gespräch in unserer Küche der neue Begriff für unser Tun bestimmt: **die Wildniskultur.** Dieser setzt sich zusammen aus WILDNIS = Vielfalt und Fülle wie im Dschungel und KULTUR = Kulturpflanzen, die ich als Mensch gerne säen und ernten möchte.

Um das zu gewährleisten und gleichzeitig die Vielfalt und Fülle bestehen zu lassen, braucht es einige Überlegungen. Und jetzt sind wir endlich so richtig mittendrin in unserem Thema!

Nur noch eine kleine Information, bevor wir anfangen: Seit Februar 2019 wohnen Johnny, die Kids und ich auf einem kleinen Bauernhof auf 900 m Seehöhe in Übelbach/Neuhof. Wir haben den „Flaschbacherhof“ langfristig gepachtet und sind dabei, ihn für uns optimal umzugestalten. Das wird ein wenig Zeit in Anspruch nehmen, aber sogar jetzt nach dem ersten Jahr gibt es schon einiges zu sehen. Das eine oder andere wirst du in diesem Buch entdecken.

Sandra und Johnny Peham

EINFÜHRUNG IN DIE PERMA-/ WILDNISKULTUR

DER VERSUCH, BEGRIFFE ZU ERKLÄREN UND AUF DEN WILDNISKULTUR-PUNKT ZU KOMMEN

Ich finde es immer schwer Begriffe zu erklären. Man benötigt dazu so viele Wörter, die man sich ja mit dem eigentlichen Begriff aus guten Gründen erspart hat! Aber trotzdem starte ich einen Versuch und hoffe, dich nicht damit zu langweilen.

Wo fange ich an? Vielleicht klären wir mal den Begriff „Permakultur". Ich denke, dass die meisten, die zu diesem Buch gegriffen haben, schon mal mit Permakultur zu tun hatten. Vielleicht hast du vor, einen Permakulturkurs zu machen oder hast schon

In der Perma-/Wildniskultur gibt es kaum nackte Böden.

einen absolviert ... dann versuche ich, dich nicht zu langweilen, denn vielleicht kennst du dich ja auch besser aus als ich.

Mein erster Zugang zum Begriff ist ein eher peinlicher ... ich hatte nämlich überhaupt keine Ahnung, was dieses Wort bedeutet, und war relativ lange davon überzeugt, dass „Permakultur“ etwas mit „Permafrost“ zu tun hat. Also dachte ich mir, dass es wohl mit dem Schützen des Bodens vor Frost zu tun haben müsste. Aber warum sollte man das tun? Das entzog sich meiner Kenntnis. Erst als Johnny begann, sich intensiv mit der Sache auseinanderzusetzen, begann ich langsam (für Johnny oft zu langsam) zu verstehen. Und seit ich es halbwegs verstanden habe, bin ich begeistert.

DEFINITION! Permakultur

> Permakultur setzt sich aus den Worten „perma“ (also ständig) und „(agri) culture“ (also Landwirtschaft) zusammen. Das bedeutet, dass das Land, der Garten oder das Grundstück dauerhaft bewachsen ist.

In der Permakultur ist der Boden immer bewachsen oder mit Mulch bedeckt. Fruchtfolgewirtschaft und Mischkultur spielen eine große Rolle. Geprägt wurde der Begriff vom Australier Bill Mollison und seinem Schüler David Holmgren. Ende der 70er Jahre gründeten sie das erste Permakultur-Institut. Von der Nachhaltigkeit in der Landwirtschaft ausgehend entwickelte sich eine immer übergreifendere **„Philosophie des Kreislaufes“**. So würde ich es heute nennen. **Nachhaltige Lebensweisen** in Bildung, Bauwesen, Energieversorgung, Wirtschaft, Machtstrukturen usw. und ein **gemeinsames Bemühen zum Wohle für sich und andere** und das in größtmöglicher Freiheit des Einzelnen – das ist meine Definition von Permakultur.

In weiterer Folge wurde auf den entstandenen **Permakulturprinzipien** eine Lehre aufgebaut, die in einem gut durchdachten Schulungsprinzip, eine Art Bausatzsystem, auf der ganzen Welt Anklang findet. Diese Prinzipien sind interessant und decken sich in vielerlei Hinsichten mit den Erfahrungen in der Wildniskultur:

- **Prinzip 1:** Beobachte und interagiere.
- **Prinzip 2:** Sammle und speichere Energie.
- **Prinzip 3:** Erwirtschafte einen Ertrag.
- **Prinzip 4:** Wende Selbstregulierung an und lerne aus dem Feedback.
- **Prinzip 5:** Nutze erneuerbare Ressourcen und Leistungen.
- **Prinzip 6:** Produziere keinen Abfall.
- **Prinzip 7:** Gestalte zuerst Muster und dann Details.
- **Prinzip 8:** Integrieren statt ausgrenzen.
- **Prinzip 9:** Nutze kleine und langsame Lösungen.
- **Prinzip 10:** Nutze und schätze die Vielfalt.
- **Prinzip 11:** Nutze Randzonen und schätze das Marginale (das Belanglose, Nebensächliche, scheinbar Unbedeutende).
- **Prinzip 12:** Nutze und reagiere kreativ auf Veränderung.

Da wir uns in diesem Buch vor allem mit dem Thema „nachhaltiges Gärtnern“ beschäftigen, möchten wir dir die **Permakulturzonen**, die zum Prinzip 7 „Gestalte zuerst Muster und dann Details“ gehören, näher vorstellen.

Wenn du mehr über die klassische Permakultur erfahren möchtest, kannst du vieles im Buch „Handbuch der Permakulturgestaltung“ von Bill Mollison nachlesen.

ZONENPLAN DER PERMAKULTUR

INFO! Die Permakulturzonen

Zone 0: Wohnzone/Kernbereich
Zone I: Befindet sich in unmittelbarer Nähe des Wohnbereiches und wird intensiv genutzt. Anbau täglich genutzter Pflanzen wie Kräuter; Feingemüse wie Paradeiser (Tomaten), Paprika, Kürbisgemüse, Bohnen und Ähnliches.
Zone II: Befindet sich in mittelbarer Nähe des Wohnbereiches und wird als Gemüsegarten mit weniger intensiver Pflege genutzt. Hier werden verschiedene Salate, Wurzelgemüse und Kohlgemüse angebaut.
Zone III: Befindet sich im weiteren Umkreis des Wohnbereiches und wird als landwirtschaftliche Ertragsfläche extensiv genutzt. Anbau von Erdäpfeln (Kartoffeln), Getreide, Mais, Topinambur und ähnlichen Gemüsen.
Zone IV: Diese Zone liegt vom Wohnbereich schon weiter entfernt und wird sehr extensiv mit wenig Aufwand genutzt. Hier finden sich (Streuobst-)Wiesen, Obstbäume, Nussbäume.
Zone V: Diese Zone ist am weitesten vom Wohnbereich entfernt. Hier sollte der Mensch nur wenig bis gar nicht in die Entwicklung eingreifen. Diese Zone macht ungefähr 20 % des Gartens bzw. der Landwirtschaft aus. Hier wachsen Benjeshecke, Wildobsthecke oder Blumenwiesen, es finden sich Laubhaufen und Ähnliches.

Ich denke, Bill Mollison und David Holmgren haben ihr Leben lang versucht, den Menschen möglichst viele Werkzeuge in die Hand zu geben, damit diese mit und in ihrer Umwelt bewusster agieren. Das kann ich sehr gut nachvollziehen, haben Johnny und ich ja auch das Bedürfnis, möglichst viele Menschen zu erreichen.

Um weltweit eine Bewegung loszutreten und zu vergrößern, braucht es wahrscheinlich viele Regeln und Direktiven. Die im Ursprung als solche so strikt gar nicht gemeint waren, wie es zum Beispiel auch beim Zonenplan ist: Er ist in sich vollkommen logisch und auch nachvollziehbar. Allerdings haben wir bemerkt, dass die Menschen oft anfangen, weniger selbstständig nachzudenken, wenn sie strikte Vorgaben haben und sich strikt an Anweisungen halten.

Wir haben viele Zonengärten gesehen, deren Plan ganz offensichtlich war, wo sich ein Gestaltungselement an das andere gereiht hat ... strikt nach Zonenplan geplant und umgesetzt. Diese Gärten waren oft geometrisch angeordnet und arbeitsintensiv, denn diese Formen müssen so erhalten werden, dass sie gut sichtbar sind. Und da es in der Natur der Pflanzen liegt zu wachsen und größer zu werden, müssen sie dann zurückgeschnitten und in Muster hineingezwängt werden (Kräuterspiralen, Mandalagärten, Schlüssellochgärten etc.).

Die Philosophie der Permakultur in ihrer Logik und Harmonie lässt sich überall im Leben wiederfinden. Sie ist ein Grundprinzip allen Lebens und verändert unser Selbstbild und das Bild, dass wir von uns als Gesellschaft haben, zum Positiven.

WEITERGEDACHT – DIE WILDNISKULTUR

Der Begriff „Permakultur" wird immer wieder mal auf ein Minimum reduziert. Das ist sehr schade, da die Botschaft der Fülle, Vielfalt und Unkompliziertheit auf der Strecke bleibt. Es macht Spaß, neue Begriffe zu finden, die zum Nachdenken und Hinterfragen anregen. Gemeinsam mit unserer Kollegin Judith Anger haben wir an einem netten Abend einfach mal so einen Begriff definiert, der, so meinten und meinen wir, sehr gut zu uns passt. Wir sagen gerne zu unseren Jungs: „Wir haben einen Begriff erfunden und versuchen ihn mit Leben zu füllen, aber wenn ihr einmal ein besseres Wort dafür findet oder etwas Neues entwickelt, nur zu: Erfindet ein neues Wort. Nichts ist schlimmer als Stillstand!"

DEFINITION! Wildniskultur

Dieser Begriff ist, wie schon erwähnt, zusammengesetzt aus

- WILDNIS: Vielfalt und Fülle wie im Dschungel und
- KULTUR: Kulturpflanzen, die ich als Mensch gerne säen und ernten möchte.

In der Wildniskultur konzentrieren wir uns auf den Garten und auf die Landwirtschaft, wir beschäftigen uns aber auch mit sozialen und bildungsorientierten Prozessen. Den Mittelpunkt bildet aber immer die weitestgehende Selbstversorgung im natürlichen Kreislauf.

Die Wildniskultur versucht die komplexen Zusammenhänge zu begreifen und „Natur" so gut wie möglich zu kopieren. Die daraus entstandenen Prinzipien oder Leitlinien sind klar und ab und zu kompromisslos.

In der Wildniskultur versuchen wir dahInterzukommen, was ich als Benutzer und Gärtner denn eigentlich will, und setzen dies so einfach und unaufwendig wie möglich um. Wir orientieren uns dabei an der Natur und versuchen diese in den Garten fließen zu lassen. Statt einer aufwendigen und pflegeintensiven Kräuterspirale bauen wir einen **Kräuterhügel** ... Erde, große Steine als Wasser- und Wärmespeicher, eine mäanderförmige (unförmige) Ausformung – und fertig.

Hier ein Beispiel für einen begehbaren Kräuterhügel, Generationenpark Peggau

In der Wildniskultur wird statt vieler kleiner Hochbeete entweder ein überdimensional **großes Hochbeet oder** ein **Hügelbeet** gebaut. Denn bei genauerer Betrachtung wirst du feststellen, dass kleindimensionierte Hochbeete kaum fähig sind sich selbst zu erhalten. Der Erdkörper ist zu gering, um auf längere Sicht Wasser speichern zu können, daher musst du es häufig gießen. Ständig gegossene Pflanzen werden aber vom „Gießer" abhängig. Je mehr du gießt, desto mehr Zeit wendest du im Garten auf.

Ein weiterer Vorteil von überdimensionalen Hoch- und Hügelbeeten ist, dass aufgrund des größeren Erdvolumens die Mikroorganismen und Kleinstlebewesen, die für unseren Humusaufbau so wichtig sind, mehr Platz haben; damit ist auch eine höhere Fortpflanzungsrate möglich. Je mehr Mikroorganismen und Kleinstlebewesen, desto mehr Nahrung für unsere Kulturpflanzen im Beet – der Kreislauf setzt sich fort!

Du hast nun erkannt, worum es in der Wildniskultur geht: um ein „Zurück zum Einfachen". Durch diese Art der Bewirtschaftung bietest du einfache, aber überall umsetzbare Klimaschutzmaßnahmen. Und wenn du gerne einen anderen Namen für diese Art des Handelns verwenden möchtest ... nur zu!

Ein einfacher Leitspruch von Johnny kann vielleicht helfen die Sache auf den Punkt zu bringen: *„Die Natur ist fehlerfrei! Wir können sie nur beobachten, von ihr lernen und das Erlernte, zum Wohle aller, anwenden!"*

In der Wildniskulturplanung von Gärten und Landwirtschaften legen wir großen Wert auf die **Entstehung stabiler, natürlicher, folienfreier Wasserhaushalte**, um eine langfristige Versorgung der Umgebung mit dem Lebenselixier Wasser zu gewährleisten. Danach setzen wir uns intensiv mit für die Fläche passenden Anbauelementen und -methoden (unter anderem Terrassierung, Hügelbeetkultur, Waldgarten, Kratergarten) auseinander und beziehen Tiere als Helfer gerne mit ein.

Die oben beschriebenen Permakulturzonen sehen wir als logische Zusammenhänge und benennen sie nicht. Sie wurden ja schon benannt und in vielen Büchern beschrieben. Die Logik sagt uns: Das, **was du täglich brauchst, ist in deiner Nähe**. Das, **was du seltener brauchst, ist weiter weg**. Sieh es locker und handle nach deinem Gefühl.

Die **Wildniszone** ist, selbstredend, in der Wildniskultur überall: Alles ist ein Mitein-

Riesenhochbeet, Flaschbacherhof

Ein großes Hügelbeet, Flaschbacherhof

ander, ein Durcheinander, einfach Vielfalt und Fülle. Wie das gut funktioniert, sodass du nicht komplett den Überblick verlierst, stellen wir dir im Lauf des Buches vor.

Fassen wir nun die bisher entstandenen Prinzipien (Erfahrungen) und elementaren Beobachtungen zusammen, um einen besseren Überblick zu bekommen und um zu überlegen, wie wir denn diese Erkenntnisse in die Praxis alltagstauglich umsetzen können. Die Liste ist, wie du dir denken kannst, zu 100 % unvollständig. Die Erfahrungen, die du im Laufe deines Entwicklungsprozesses zum „Natur-Kreislaufgärtner" oder „Wildniskulturisten" machst, kannst du gerne in die Liste aufnehmen! Natürlich darf man die Chronologie der Prinzipien auch durcheinanderwürfeln.

Was wirklich wichtig ist, ist, sich den direkten Zusammenhang zwischen dem Umgang mit Pflanzen und dem Umgang mit Menschen und Tieren bewusst zu machen. Die Prinzipien des Lebens und des Wachsens sind immer ident. Deshalb sind auch alle Erkenntnisse, die du in deinem Leben gewinnst, direkt in deinem Garten umsetzbar.

Wir versuchen nun, die bisher gewonnenen und in diesem Buch schon erwähnten Erfahrungen gemeinsam mit weiteren wichtigen Beobachtungen, die wir im Laufe der Zeit gemacht haben, zu verbinden und in eine logische Reihenfolge zu bringen

Hinterfrage ALLES!

Ja, auch das, was wir dir erzählen. Nimm nie eine Anleitung und setze sie 1 : 1 um. Warum? Ganz einfach: Der Verfasser wohnt nicht dort, wo du zu Hause bist. Er hat weder das gleiche Klima noch die gleichen Niederschlagsmengen. Sein Grundstück ist völlig anders strukturiert, die Bodenstruktur ist eine andere usw. Denke immer selbst nach, ob und wie du eine Empfehlung umsetzt. Du bist für dein Handeln verantwortlich.

Verantwortung übernehmen und Vertrauen entwickeln

Mit dem Anlegen eines Gartens übernimmst du Verantwortung für andere Lebewesen. Du bist als Gärtner dafür verantwortlich, welche Lebensbedingungen deine Mitlebewesen, Pflanzen und Tiere, vorfinden. Auch ob und wie sehr sie von dir und deiner Pflege (gießen, jäten, ernten) abhängig sind, entscheidest du!

Ein Kreislaufgarten in Wildniskultur macht sicher weniger Arbeit als ein gleich großer traditioneller Zeilengarten. Zeit darfst du aber, wenn du auch eine dementsprechende Ernte haben möchtest, immer aufwenden.

Stärke durch achtsame Konfrontation mit Herausforderungen und „Vertrauen in die Natur der Sache"

Denke immer daran: **Dein Garten soll ein Garten der Fülle und Vielfalt sein.** Er wird dir, selbst wenn du dir professionelle Hilfe zunutze machst, nicht „schlüsselfertig" vor die Türe gestellt. Je mehr Zeit du dir nimmst, die Natur und ihre Abläufe zu beobachten und zu verstehen, desto mehr Freude und Ertrag wirst du aus dem Garten schöpfen! Der Gärtner im Wildniskulturgarten ist Begleiter des Wachstums und weniger ständiger Konstrukteur.

Ein Beispiel: Wenn wir im Wildniskulturbeet eine Einsaat vornehmen, mischen wir verschiedenste Kulturpflanzensamen (Salate, Kohlarten, Karotten, Kürbisse, Mais ...) mit diversen Begleitpflanzensamen (Tagetes, Ringelblume, Borretsch, Radieschen ...). Wir bringen das Saatgut großflächig aus und achten darauf, eine möglichst schnelle Bedeckung durch das Wachstum der Pflanzen zu erreichen. Ob die eine mit der benachbarten Pflanze nun eine perfekte Symbiose eingeht, ist nicht vorrangig. Der Grund für diese Vorgehensweise liegt darin, dass sich in der Natur die Samen ebenfalls unregelmäßig und im wilden Durcheinander aussäen. Kein Same sagt zum anderen: „Bist du wohl der passende Partner für mich?“ Die Konsequenz aus dieser Art der Aussaat ist, dass nicht jede Frucht in meinem Garten überdimensional groß wird und gegebenenfalls die eine oder andere Pflanze nicht wachsen kann, da sie nicht die optimalen Bedingungen findet. Das macht uns aber nichts! Diejenigen Pflanzen, die Früchte bilden, sind robust, widerstandsfähig, regional angepasst und haben aufgrund ihrer Anstrengung während des Wachstums nicht nur ein optimales Erbmaterial, dass ich in Form der genommenen Samen im nächsten Jahr in meinem Garten wieder ausbringe, sondern sie schmecken auch köstlich und sind voller gesunder Inhaltsstoffe in großer Menge!

Übrigens: Das Saatgut wird nach dem Säen auch NIE eingegossen. Vertraue darauf, dass der Same schon selbst weiß, wann er die optimalen Bedingungen vorfindet, um zu keimen und zu wachsen!

Hügelbeet in wilder Mischkultur, Wildniskulturspielplatz Übelbach

Nachhaltiges Gärtnern und Landwirtschaften heißt Kreisläufe installieren oder bewahren

Ein Kreis hat keinen Beginn und kein Ende, er ist in sich geschlossen. Die Natur zeigt uns vor, wie es geht, auch hier nehmen wir sie uns als Beispiel.

Wir Menschen haben es geschafft, innerhalb der letzten Jahrhunderte kaum ein Fleckchen unserer Erde unberührt zu lassen. Überall setzten wir uns fest, unterjochten ganze Landstriche, holzten Urwälder ab ... Wenn ich nun einen Garten oder eine Landwirtschaft mit natürlichen Mitteln und Prozessen betreiben möchte, finde ich zu 99 % dafür nicht die optimalen Bedingungen vor. Die Konsequenz daraus ist, dass ich mit einem möglichst einmaligen „Einmischen" und Umgestalten die mögliche Ursprungslandschaft wieder versuche herzustellen. Ab und zu werden wir dafür kritisiert, dass wir für diese Renaturierung des Grundstückes auf moderne Hilfsmittel, zum Beispiel Bagger, zurückgreifen. Wir antworten dann: „Der Mensch hat überall so sehr in die Natur eingegriffen und sie zu seinem Werkzeug gemacht, dass ein einmaliges Nutzen moderner Errungenschaften nur ein geringer Ausgleich dafür ist!" Denn nach der einmaligen Renaturierung ist im Garten/in der Landwirtschaft wieder ein natürlicher Kreislauf der Abläufe möglich!

Gießfreie/gießarme und arbeitsextensive Gärten sind das Ziel und möglich!

In unserer schnellen Welt, wo Arbeit und Geldverdienen einen großen Stellenwert quer durch alle Generationen und Geschlechter haben, wird es immer schwieriger, Menschen zu finden, die sich mit Garten und Landwirtschaft auseinandersetzen. Zwar ist mittlerweile dankenswerterweise ein Umdenken zu beobachten, aber solange wir die meiste Lebenszeit außerhalb unserer vier Wände und auch unseres Grundstückes verbringen, können wir das traditionelle Zeilengärtnern vergessen. Es nimmt einfach zu viel Zeit in Anspruch: Die Beetvorbereitung, das Säen und Pflanzen in Reih' und Glied, das permanente Befreien der Erde von Beikräutern, das Gießen ... das alles ist sehr zeitaufwendig und anstrengend.

Das neue Gärtnern sieht anders aus: Die **Wildnis wird zum Bestandteil des Konzeptes** und nimmt mir den Großteil der Arbeit ab, wenn ich mich an ein paar kleine Regeln halte. Ziel ist es, meine Flächen möglichst gießfrei zu halten. Dafür lade ich Beikräuter und dicht wachsende Kulturpflanzen in mein Beet ein, um es vor Austrocknung zu bewahren. Ich achte auf einen natürlichen Wasserkreislauf und ziehe meine eigenen Pflanzen aus eigenem Saatgut vor. Ich gieße in der „Schluck-Schluck-Technik", die wir dir noch genauer erklären werden.

Gesundes, ökologisches Wachstum ist nur auf wenige natürliche Baustoffe angewiesen

Eine möglichst vielfältige Ernährung ist wichtig, um uns am Leben zu erhalten. Optimal wäre natürlich, wenn nicht nur die Grundversorgung gewährleistet wäre, sondern wir so viel Mineralstoffe, Vitamine, Spurenelemente und sonstige lebenspendende Inhalte zu uns nehmen, dass wir mehr als grundversorgt sind.

Leider erscheint auch das mittlerweile als immer schwieriger. Denn das Industrialisieren unserer Lebensmittel, die Massenproduktion von tierischen und pflanzlichen Nahrungslieferanten, der permanente

Einsatz chemischer Bomben in der Nahrungsmittelindustrie und die Produktion von Nahrungsmitteln in kilometerlangen Folientunneln, in denen die Pflanzen weder direktes Sonnenlicht noch Erde spüren, wirken sich nachhaltig negativ auf den Gehalt wichtiger sekundärer Pflanzenstoffe aus. Dabei brauchen wir diese „natürlichen Baustoffe" dringend, um uns (Mensch und Tier) gesund entwickeln zu können.

Ein Teil der Lösung ist es, selbst, auch auf kleinstem Raum, Gemüse, Obst und Kräuter zu ziehen, die mit anderen Pflanzen, mit Sonnenlicht, Regen und guter Erde wachsen können. Besonders diese Diversität ist wichtig, damit sich unsere Pflanzen so richtig anstrengen müssen ... **„Natürlich gewachsene Pflanzen" sind allen anderen für eine gesunde Ernährung vorzuziehen. Sie benötigen eine natürliche Umgebung, die sie fördert und fordert.**

Gestalten und renaturieren im Kleinen wie im Großen. Im Mittelpunkt stehen immer die Natur und ihre Zusammenhänge, der Mensch stellt sich in den Hintergrund

Der Mensch mit seinen Vorstellungen von Ästhetik und Notwendigkeiten stellt sich zum Wohle von allen (Mensch, Tier und Pflanze) in den Hintergrund – im Mittelpunkt steht die Natur: Diesen Grundsatz halten wir für GANZ wichtig! Er klingt so einfach und es ist doch in der Praxis eine ziemliche Herausforderung ihn umzusetzen.

Oft glaube ich, dass wir alle schon so „verbildet" sind, dass natürliches Denken richtig anstrengend und „unnatürlich" erscheint. Lass mich dir ein **Beispiel** geben: In den letzten Jahren gibt es einen **Hochbeet-Boom.** Auf die Frage: „Hast du einen Garten?", hören wir: „Ja, ich habe ein/zwei/drei Hochbeet/e." Auf die Frage: „Hast du schon mal was von Permakultur gehört?", kommt oft die gleiche Antwort: „Ja, ich habe ein/zwei/drei Hochbeet/e." Wenn wir nach dem Grund für den Hochbeetbau im Garten fragen, hören wir immer wieder: „Das ist so bequem! Da gibt es keine Schnecken! Das schaut so schön aus und wirkt gepflegt!" Meistens fragen wir dann auch, ob denn eine Plastikfolie beim Bau verwendet wurde. Meistens wird das bejaht und damit begründet, dass die Folie das Beet länger „schön" sein lässt.

Fällt dir etwas auf? Mir schon ... Es geht in den meisten Antworten gar nicht um die Pflanzen, um die Anbaumethode oder um ökologisch nachhaltige Argumente für das Hochbeet. Es geht leider meist nur um „Oberflächliches".

Gestalte ich meinen Garten wirklich nachhaltig, kann ich, außer ich habe nur eine äußerst geringe Fläche zur Verfügung, ohne weiteres auf, vor allem handelsübliche, Hochbeete verzichten. Wenn ich mich für eines entscheide, dann soll es seinem Zweck – dem Humusaufbau durch Abbau von Biomasse – dienen, und zwar plastikfrei.

Ein weiteres Beispiel: die **Steinwüsten** als Vorgärten. So manch einer ist begeistert von so viel Sterilität und vom „aufgeräumten Aussehen". Das Auge freut sich! Doch ist in einem Garten, der nur aus Kies und Stein besteht, Leben möglich? Kann es nicht vielleicht sogar sein, dass solche Gärten mittlerweile zur Überhitzung von Städten beitragen und es unseren so wichtigen Insekten noch schwieriger gemacht wird zu überleben?

In der Wildniskultur bestimmt der Mensch mit seinem ästhetischen Auge zwar mit, nimmt aber nicht den Platz des Garten-Diktators ein. Er versucht vielmehr, sich weniger wichtig zu machen und von der Fülle zu lernen und zu profitieren.

Das Planen eines Kreislaufgartens ist notwendig und sinnvoll

Die Planung und Gestaltung eines Wildniskulturgartens wird ja noch besprochen, vorweggenommen kann ich dir verraten: Eine gute Planung, die dir Zeit lässt, dich mit der Thematik näher auseinanderzusetzen, ist für den Erfolg unverzichtbar. Das Lebenselixier WASSER sollte im Mittelpunkt der Überlegungen stehen. Darauf baut das gesamte Konzept deines Gartens auf: Lass dich überraschen!

Nicht winterfest, sondern frühlingsfit machen!

Ich weiß nicht, wie oft ich selbst diesen Satz in den letzten Jahren gesagt habe, und schon gar nicht, wie oft Johnny diese Wörter in den Mund genommen hat – tausende Male, ganz bestimmt!

Das Lustige oder vielleicht Befremdliche daran ist, dass dieser Satz zwar eine Grundaussage der Wildniskultur ist und auch bei genauerer Betrachtung von einem Großteil unseres Publikums verstanden wird, es ist aber genau das, was in fast keinem Projekt funktioniert. Jedenfalls nicht in den ersten ein, zwei Gartenjahren und erst nach mehrmaligen Workshops, Vorträgen etc.

Ich glaube, der Satz „Es gibt kein Winterfest-, nur ein Frühlingsfit-Machen!" und die Schwierigkeiten, die die Menschen mit ihm haben, hat uns dazu ermutigt, dieses Buch zu schreiben. Wir hoffen einfach, dass wir mit diesem Buch, diesem einen Satz, der so wichtig ist, wirklich Auftrieb geben und ihn für unsere Leserinnen und Leser mit Inhalt erfüllen können.

Was bedeutet also **„winterfest machen" im Allgemeinen**?

1. Rasen nochmals mähen und düngen
2. Laub rechen und wegführen
3. Bäume schneiden und Äste wegführen
4. Nicht winterharte Pflanzen durch zudecken oder wegräumen schützen
5. Verdorrte, abgeblühte Pflanzen und Pflanzenreste entfernen, Beete umstechen ...

Herbst im Garten: Ökologische Baumscheibenbepflanzung

Was bedeutet **„winterfest machen" in der Wildniskultur**?

1. Wenn du magst, kannst du vorhandene **Rasenflächen** mähen. Der anfallende Rasenschnitt wird als Mulchmaterial für nicht winterfeste Pflanzen, die trotzdem draußen überwintern, verwendet.
2. **Laub** rechen und für Igel und Co. unter Bäumen zu Haufen aufschütten.
3. Wenn **Buschwerk** unbedingt zu schneiden ist, dann das Astwerk in Längsrichtung in die Totholzhecke (Benjeshecke) schlichten.
4. Am besten ist es, schon in der Gartenplanung darauf zu achten, vor allem **heimische Pflanzen** zu verwenden. Dann stellt sich dieses Problem nicht. Solltest du aber auf nicht winterharte Pflanzen nicht verzichten wollen oder hast sie schon im Garten, dann gilt es, sie natürlich zu schützen. Bei mediterranen Kräutern genügt oft eine dicke Mulchschicht aus Stroh.
5. Während im „aufgeräumten" Garten **verdorrtes und abgestorbenes Material** aus den Beeten entfernt wird, dürfen diese Pflanzenreste einfach bis zum Frühling im Garten überwintern. Genau daran stoßen sich viele Menschen. Sie fühlen sich besonders im Herbst und Winter von einem Garten in Wildniskultur abgestoßen. Vorbei ist es dann mit dem Naturempfinden und dem Wunsch nach Nachhaltigkeit. Zahlreiche kleine Insekten ziehen sich im Herbst in verdorrte Stängel zurück, würden wir sie schneiden und entfernen, nehmen wir Tausenden von wichtigen Helfern im Garten das „Dach über dem Kopf" weg und das vor dem Winter! Diese Insekten überwintern im Garten und dienen im kommenden Frühjahr auch als Mahlzeit für viele Vögel, die wiederum die Schädlinge im Garten fressen – der Kreislauf ist perfekt! Warum ihn dann aus ästhetischen Gründen unterbrechen? Die Wurzeln der abgeblühten Pflanzen dienen als Platzhalter sowie Futter für Kleinstlebewesen und belüften den Boden. Ein Umstechen der Beete im Herbst befürworten wir nicht. Denn der Boden, und damit all die wichtigen Mikroorganismen und Würmer, droht so leichter durchzufrieren. Im Frühjahr jedoch schneiden wir alles Verdorrte in kleine Stücke, wir graben die oberste Schicht des Bodens um und arbeiten die Pflanzenstücke gleich mit ein. Dann einsäen, Pflanzen setzen, mulchen, fertig!
6. Blumenzwiebel setzen.

Die Natur ist genial: Es lebe die Selbstaussaat!

Vertraue der Natur! In der Wildniskultur lassen wir Pflanzen, die wir nicht ernten, für andere Lebewesen im Beet stehen. Oft geschieht es, dass gewollt oder ungewollt die Pflanzen bis zur Samenreife gedeihen. Wir haben festgestellt: Das ist optimal.

Ich liebe diese Fülle und Pracht, wenn sich Salate, Radieschen und Kohlgewächse wie wild im Beet aussäen, oft weit über den Beetrand hinaus! Diese Pflänzchen sind so vital und robust, dass selbst die lästige Spanische Wegschnecke sie nicht als Futter erkennt, frisst sie doch vor allem schwächelnde Pflanzen. Das Saatgut ist, und das ist für die Zukunft besonders wichtig, orts- und klimaangepasst und verkraftet alles: vom Dauerregen bis zur Trockenperiode.

Mulchen, mulchen, mulchen ... das A und O des Naturgärtnerns!

Richtiges Mulchen (Abdecken des Saatguts und der blanken Erde) stabilisiert und reguliert Temperatur, Feuchtigkeitshaushalt und

Beikräuterbewuchs. Weiters werden die Bodenlebewesen aktiviert und vermehrt. Es gibt nur wenige Regeln zu beachten, damit der gewünschte Effekt eintritt. Auch darüber erzählen wir dir gerne!

Ein andauernder, flächenhafter Bewuchs ist kahler, blanker Erde immer vorzuziehen

Die Wildniskultur achtet darauf, kahle, blanke Flächen im Beet zu vermeiden. Denn Kahlheit bedeutet, dass die Erde leichter austrocknet, leichter erodiert und dass der Humusaufbau verlangsamt wird.

Beikräuter dienen uns hier unter anderem als Platzhalter. Wir achten zwar darauf, dass sie regelmäßig und vor allem vor der Selbstaussaat reguliert werden. Wir nutzen sie aber gleichzeitig dadurch, dass:

- wir sie in der Küche verwenden (schmecken wunderbar und sind gesund),
- wir sie als Mulchmaterial verwenden,
- sie so lange in meinem Beet bleiben, solange ich noch keine Kulturpflanzen (zum Beispiel: Gemüsejungpflanzen) setze oder keine Aussaat von Kulturpflanzen (zum Beispiel: Radieschen, Karotten, Salate, Rüben) vornehme.

Die Beikräuter halten mir bis dahin die Erde feucht und versorgen sie mit allen notwendigen Nährstoffen. Dieses Prinzip verwenden wir auch bei Topfkulturen.

Flächenkompostierung statt kompostieren in Mieten

„Biomüll“, also pflanzliche Abfälle, ist eine wertvolle Ressource! Sehr oft werden Grasschnitt, Laub, aber auch Küchenabfäl-

Mulchen eines Hügelbeetes (ein Privatgarten in Übelbach)

le gesammelt und vom Grundstück weggebracht, um an anderen Orten wie Kompostieranlagen wieder in gute Erde verwandelt zu werden.

Die Frage stellt sich: Warum müssen alle diese Wege gemacht werden? Geht das nicht auch einfacher und ressourcenorientierter? Ja, das geht! In jedem Garten empfiehlt sich ein Komposthaufen ... Allerdings ist der in der Wildniskultur meist kleiner. Wir verwenden nämlich die **organischen Abfälle**, um sie gleich in unsere Beete einzubringen, beispielsweise bei der Ernte von Radieschen: Verwenden wir die grünen Blätter nicht, um sie in den Salat zu geben oder ein Pesto zu machen, zerkleinern wir sie ein wenig und legen sie wieder auf die nun kahl gewordene Stelle zurück. So geben wir der Natur bei jeder Ernte wieder etwas zurück. Dadurch wird auch gleichzeitig gemulcht – praktisch, oder nicht? Auch deinen Küchenabfall kannst du in deine Beete einbringen. Bitte achte aber darauf, dass du keine tierischen Produkte, keine chemisch behandelten Fruchtschalen und keine Zitrusfrüchte ausbringst! Regenwurm und Co. werden es dir danken.

KLIMASCHUTZ DURCH HUMUSAUFBAU IM GARTEN

Johnny und ich sind „Nicht-Wissenschaftler“ und sehen uns als aktive Praktiker, die so viele Menschen wie möglich dafür begeistern möchten, sich für ihre Umwelt und ihre direkte Umgebung zu interessieren. Als Autoren stehen wir vor der Herausforderung, an sich einfache organische Vorgänge, die von uns allen ständig beobachtet werden können, in sinnvolle, nachvollziehbare Wörter zu verpacken, die von unseren Lesern nicht nur verstanden, sondern deren Inhalte auch in ihren Gärten umgesetzt werden können.

Einer der primären Aufträge, die ein Kreislaufgarten in Wildniskultur erfüllen sollte, ist der ständige Aufbau von Humus. Als Humus bezeichnen wir den zersetzten organischen Anteil im Boden, wir kennen ihn als schwarze Erde und oberste Schicht im Bodenaufbau. Das System Boden und insbesondere die Humusschicht werden durch komplexe Vorgänge bestimmt. Diese im Einzelnen zu erklären sprengt den Rahmen dieses Buches. Es gibt darüber großartige Abhandlungen und Literatur, die es viel besser als wir verstehen, all diese Vorgänge zu beschreiben.

Regenwürmer im gesunden Boden

Für uns ist es im Hinblick auf das Thema „Klimaschutz im Garten“ besonders wichtig, über die Aufgabe des Humus als Stickstoff- und Kohlenstoffbinder zu erzählen. Vor allem die Möglichkeit, durch Humusaufbau Kohlenstoff dauerhaft und langfristig zu binden, ist für uns als Menschen von großer Bedeutung! Wissenschaftler berichten, dass durch den gezielten Aufbau von Humus in der Landwirtschaft, aber auch im privaten Bereich ein wesentlicher Schritt in Richtung „klimaneutrales“ Leben möglich ist.

Durch die Bewirtschaftung des Bodens in Perma- bzw. Wildniskultur wirst du automatisch zum Klimaschützer. Und durch diese Art der Förderung von Bodenlebewesen und Mikroorganismen sowie durch den nachhaltigen Umgang mit „Mutter Erde“ baust du automatisch Humus auf:

- durch permanenten Bewuchs deiner Anbauflächen,
- durch Liegenlassen der Ernterückstände und des Mulchs bzw. der Flächenkompostierung (Pflanzenwurzeln, Grasreste, Bioabfall, Sprossmasse ...),
- durch gelegentliche Zufuhr von altem Mist,
- durch das Beimpfen mit oder/und die Förderung von Regenwürmern,
- durch das Säen von Kleearten und Luzernegräser als Zwischen- und Nachfolgepflanzen.

Je höher der Humusgehalt des Bodens, desto höher ist auch seine Fruchtbarkeit und die Möglichkeit Kohlenstoff zu binden.

TIPP! Buchempfehlungen

Ute Scheub, Stefan Schwarzer, Die Humusrevolution: Wie wir den Boden heilen, das Klima retten und die Ernährungswende schaffen, ISBN: 978-3865818386

Herwig Pommeresche, Humussphäre: Humus – Ein Stoff oder ein System, ISBN: 978-3922201502

Blüten des Inkarnatklees, den wir mit anderen Kleearten zum Humusaufbau und zur Bodenverbesserung säen.

DIE WICHTIGKEIT DES „GROSSEN GANZEN“

Wir durften dir in den ersten drei Kapiteln schon viel über uns und unsere persönlichen Erfahrungen mit und in Naturgärten erzählen. Ich hoffe, wir haben deine Neugier darauf, mehr zu erfahren, geweckt!

Unser Ziel ist es mit diesem Buch, in vielen Menschen die Lust darauf zu wecken, selbst zum „Naturgärtner“ zu werden. Um das zu erreichen, versuchen wir dir „Johnnys Welt“ – Landschaften zu lesen – zu eröffnen, sie dir in ihrer Natur begreiflich zu machen und dieses Wissen zum Wohle allen Lebens anzuwenden, um für möglichst viele Lebewesen Oasen der Vielfalt zu gestalten.

Klingt das zu hochgestochen? Ich hoffe nicht! Es fällt mir schwer, mit Worten das Gefühl zu beschreiben, einen revitalisierten Kreislaufgarten zu betreten, der vor der Renaturierung vielleicht ein „steriler/symmetrischer Garten der Arbeit“, eine karge Rasenfläche oder vielleicht auch eine Steinwüste war. Ich kann dir eines versprechen: Es ist umwerfend!

Benjeshecke (Totholzhecke) und ökologische Böschungsbepflanzung, Garten für ALLE, Unternehmensgruppe Zuser, Peggau

Ich möchte dich einladen, im Folgenden nicht nur den Text zu lesen, sondern auch die Bilder deines inneren Auges aufmerksam zu betrachten. Entwickle ein Gefühl für die geschriebenen Worte. Mache vielleicht, wenn es dir möglich ist, auch einen Ausflug zu den unterschiedlichen Initiativen. Die Infos dazu findest du im Anhang. Du wirst sehen, dein Blick auf deine Umgebung wird sich verändern, wenn du es einfach zulässt.

Die Wichtigkeit des „Großen Ganzen“: Es gibt eines, was du unbedingt verstehen darfst: Denke groß, denke nach vorne und schließe Aussagen, die die Wörter „geht nicht“, „funktioniert nicht“ beinhalten, aus. Ganz egal, was auch immer du in deinem Leben erreichen willst, es tut immer gut und trägt maßgeblich zum Erreichen von Zielen bei, wenn du dir sagst: „Ich darf!“, „Ich will!“, „Ich kann!“

Denke in großen Zeitspannen, denn ein Garten – ob groß oder klein – ist nie „schlüsselfertig zu beziehen“! Ein Garten ist ein lebendiger Organismus, den du als Mensch tatkräftig unterstützen kannst. Und wenn die „erste Tat“ darin besteht, dich gemütlich hinzusetzen und dir in aller Ruhe einmal anzuschauen, wo du dich überhaupt befindest, und Kreisläufe beginnst zu erkennen. Durch die nun folgenden Empfehlungen und Anleitungen wird dich Johnny begleiten. Ich selbst fungiere quasi als Ghostwriter. Ich bediene den Laptop, während er mir sein Wissen für dich weitergibt, das ich dann versuche so klar und einfach wie möglich niederzuschreiben.

All die Erfahrungen und Erkenntnisse, die sich Johnny über die letzten fast zwei Jahrzehnte angeeignet hat, setzt er nach wie vor tatkräftig im In- und Ausland um. Das ist seine Berufung: Er ist Praktiker, konkreter Umsetzer, Naturbursche, Landschafsleser, Wildniskulturpionier, Klimaschützer ...

Meine Berufung ist es, Menschen etwas über die heilsame, glücklich machende Möglichkeit des Lebens im Kreislauf der Natur zu erzählen, grundlegende Zusammenhänge zwischen einem Wildniskulturgarten und dem, „was ICH bin“, zu erkennen. Mein Auftrag besteht darin, dieses positive Gefühl von Verantwortung in den Menschen zu wecken. Ihnen zu vermitteln, dass sie wirklich etwas Positives und Notwendiges für sich selbst, für Umwelt und Klima und vor allem für unsere Kinder und Kindeskinder bewirken, wenn sie natürliche Kreisläufe in ihrer Umgebung zulassen und verstärken!

PLANUNG UND GESTALTUNG EINES PERMA-/WILDNISKULTURGARTENS MIT PLANUNGSSKIZZEN UND ERKLÄRUNGEN

Egal wie groß dein Grundstück ist, egal ob du einen Garten oder eine Landwirtschaft hast: Wenn du dich zu einer Gestaltung in Perma-/Wildniskultur entschlossen hast, brauchst du ein **Gesamtkonzept**.

Nur der „Blick auf das große Ganze“ gibt dir die Möglichkeit, wirklich alle Ressourcen deines Grundstückes zu erkennen und in deine Überlegungen und Planungen miteinzubinden. Viele Menschen verlieren sich im „Klein-Klein“: Da ein Hochbeet, dort ein kleiner Teich, da die Ecke für die Kräuter, dort ein Blumenbeet ... Ein Element nach dem anderen entsteht, wird ambitioniert angelegt und bepflanzt und gibt dir dann trotzdem nicht das Gefühl „fertig zu sein“, denn es fehlt ständig etwas: Sei es ein funktionierendes Wegesystem, eine Gartenhütte, Platz für Natürlichkeit ... Das Grundstück gibt dir einfach nicht das Gefühl harmonisch zu sein, und das, obwohl du dir so viel Mühe gibst.

Der Grund dafür besteht höchstwahrscheinlich darin, dass du dir am Anfang, aus welchem Grund auch immer, nicht die Zeit genommen hast, dich eingehend mit der Gesamtsituation deines Grundstücks auseinanderzusetzen. Wir wollen dir helfen, das zu verändern.

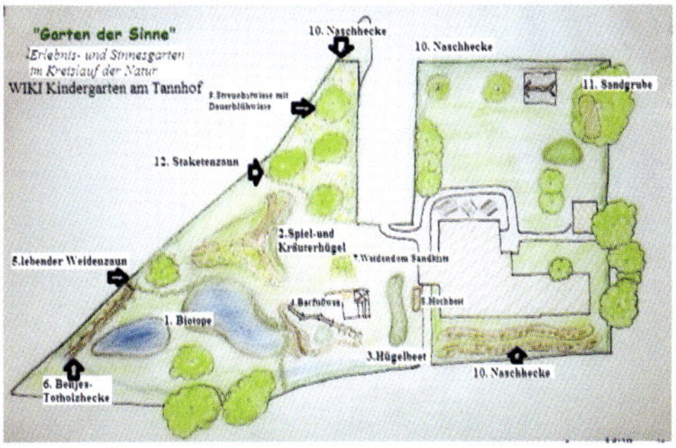

Gestaltungsskizze, KLIMA FIT – Essbares buntes Kinderzimmer, WIKI Kindergarten Tannhofweg, Graz

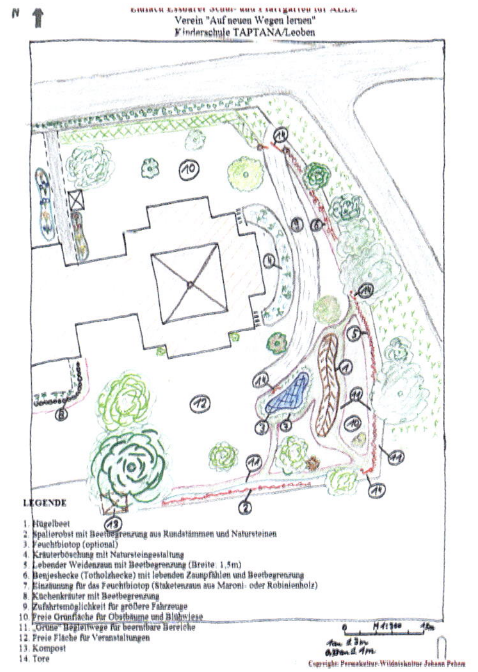

Gestaltungsskizze, KLIMA-FIT – Essbares Buntes Klassenzimmer, Kinderschule TAPTANA, Leoben

Planungsschritte

1. **Setz dich hin und betrachte dein Grundstück.** Mach es dir bequem und lass alle Eindrücke auf dich wirken. Im Moment brauchst du nichts zu wissen und dich um nichts zu kümmern. Genieße einfach! Nimm dir dafür auch später immer wieder mal Zeit! Bei größeren Grundstücken empfiehlt es sich, Rundgänge zu machen und sich immer wieder neue Positionen zum Beobachten zu suchen. So lernst du die „Natur" deines Grundstückes besser kennen.
2. Wenn du der Meinung bist, das nötige Gefühl für diesen Flecken Erde bekommen zu haben, fange an, andere Gesichtspunkte in deine Beobachtungen miteinfließen zu lassen. Dafür ist es notwendig, dich auch bei Wind und Wetter hinauszubegeben. **Lerne dein Grundstück jetzt auch von seiner wilden Seite kennen.** Nimm dir die „Erfahrungen der Wildniskultur" ab Seite 29 zur Hand und überprüfe, auf welche Weise du sie in die Planung deines Gartens einfließen lassen kannst.
3. Bitte besorge dir nun einen **Grundstücksplan.** Oft kannst du diesen im Internet eruieren; drucke ihn in DIN A3 (für die Detailplanung) und DIN A4 (für die schnellen Notizen zwischendurch) aus.
4. **Listen schreiben**: Mach dir eine **Checkliste zum IST-Zustand** und beantworte folgende Fragen im Laufe der Zeit:

CHECKLISTE – IST-Zustand

- Wie groß ist dein Grundstück?
- Hat dein Grundstück Hanglage?
- Gibt es bestehende Wasserflächen auf deinem Grundstück? Wenn ja, welche, wie viele, wo und welches Ausmaß haben sie (Länge, Breite, Maximal- und Mindesttiefe)?
- Woher kommt das Wasser für dein Grundstück (eigene Quelle/n, Brunnen, Ortswasserleitung)?
- Wie hoch ist die durchschnittliche Niederschlagsmenge in deiner Region?
- Wie ist die Hauptwindrichtung? Wie stark bläst der Wind?
- Wie ist die Ausrichtung des Grundstückes im Bezug zur Sonne (N, O, S, W)?
- Wie ist die durchschnittliche Temperatur in meiner Region? Maximale und minimale Temperatur.
- Wo befinden sich die Einbauten auf deinem Grundstück (alle unterirdischen Verbauungen wie Ortswasser, Kanal etc.)? Zeichne sie in deinem Plan ein.
- Gibt es Wege-/Servitutsrechte? Wenn ja, von wem und wo bestehen sie? Zeichne auch diese auf deinem Plan ein.
- Wie sind die Bodenverhältnisse (lehmig, sandig, tonig, steinig)?
- Wie bewirtschaften deine Nachbarn ihre Grundstücke? (Intensiv oder extensiv, biologisch, konventionell ...)
- Was weißt du über die frühere Bewirtschaftung des Grundstückes?
- Wie wird das Grundstück im Moment bewirtschaftet?
- Wohnst du auf diesem Grundstück?
- Gibt es Lagermöglichkeiten auf dem Grundstück?
- Welche Grundstrukturen sollen auf deinem Grundstück unbedingt erhalten bleiben?
- Wie viel Zeit steht dir zum Bewirtschaften zur Verfügung? Gibt es Helfer, die regelmäßig mithelfen?
- Wie intensiv hast du dich schon mit Pflanzenkunde, Vorzucht von eigenen Gemüse- und Kräuterpflanzen usw. beschäftigt? Eigne dir Wissen an, aus Büchern, in Workshops oder anderen Medien, aber hinterfrage auch hier immer alles Gehörte!

Nun hast du dich wirklich intensiv mit deinem Grundstück beschäftigt. Du wirst sehen, durch diese Auseinandersetzung mit einem Fleckchen Erde wird sich deine Art und Weise, wie du Landschaften generell beobachtest und siehst, verändern! Ob du nun einen neuen Garten anlegst oder einen bestehenden veränderst, die Checkliste bleibt dieselbe. Lass dich auf Veränderungen ein! Wenn du wirklich einen Garten in und mit der Natur erleben und gestalten möchtest, kann es sein, dass Bestehendes verändert wird oder vielleicht anderem weicht ...

5. Nachdem du den IST-Zustand eruiert hast, beschäftigst du dich nun mit der **Zukunft** – dem **„TRAUM-Zustand“**. Wir stellen dir auch gerne dafür eine Checkliste zur Verfügung. Natürlich ist diese, wie auch die IST-Zustand-Liste, erweiterbar.

Nun kannst du beginnen, wichtige Informationen in deinen Plan zu übernehmen. Zeichne **Einbauten** ein, dadurch weißt du, dass an diesen Stellen keine oder eingeschränkte Grabungstätigkeiten gemacht werden können. Markiere auch **Brunnen** und/oder **Quellen** sowie **Wege und Stra-**

CHECKLISTE – TRAUM-Zustand

- Welchen Zweck darf dein Kreislaufgarten erfüllen? Was möchtest du?
- Ist dein Grundstück in Zukunft nur für dich und deine Lieben zugänglich und besuchbar oder werden auch Gäste erwartet (Selbstversorgergarten, Gemeinschaftsgarten, Erholungsgarten, Selbst-Erntegarten, Seminar- und Workshopgarten, Schaugarten ...)?
- Wie viele Personen soll dein Grundstück mit Lebensmitteln versorgen? Ist die Selbstversorgung mit Obst, Gemüse und Kräutern überhaupt dein Ziel? Oder möchtest du vor allem der Natur ihren Platz zurückgeben?
- Wo liegt dein Schwerpunkt in der Bewirtschaftung (Gemüse, Kräuter, Obst, Fische oder andere Tiere ... oder von allem etwas)?
- Wenn du Tiere als Helfer auf deinem Grundstück hast, welche sollen das sein?
- Welche Gestaltungselemente möchtest du unbedingt, wenn möglich, integrieren (Biotop/Teich, Hügelbeet, Hochbeet, Kratergarten, Kräuteranlage, Terrassengärten, Weidenbauten, Naschhecken, Obstgarten, Wildblumenwiese (Schmetterlings- und Bienengarten)?

ßen, die eventuell durch dein Grundstück führen. Jene mit **Servitutsrecht** kennzeichne mit einer anderen Farbe. Hier kannst du wahrscheinlich nur eingeschränkt Umgestaltungen vornehmen.

Gut ist auch, wenn du auf deinem Plan die **nördliche Himmelsrichtung** mit N ▲ (Norden) kennzeichnest. Wenn du später anfängst einen Gestaltungsplan zu skizzieren, zeichnest du immer in der gleichen Ausrichtung.

Wo sammelt sich vielleicht auf deinem Grundstück schon jetzt das **Wasser**, wo entstehen Pfützen, wo ist es feucht oder nass? Dort wird wahrscheinlich deine Wasserfläche entstehen. Merke dir diese Flächen und markiere sie ebenfalls auf deinem Plan.

Um einen wirklich nachhaltigen Wildniskulturgarten zu planen, in dem eine größtmögliche Tier- und Pflanzenvielfalt und eine große Vielfalt an ökologischen Lebensräumen herrscht, halten wir uns an **wenige, aber essenzielle Grundsätze**. Wir nennen sie die **KLIMA-FIT-Grundsätze** der Wildniskultur, quasi die goldenen Regeln.

Harmonie im Kreislaufgarten, Garten für ALLE, Unternehmensgruppe Zuser, Peggau

Die KLIMA-FIT-Grundsätze der Wildniskultur

- **Das GESAMTE** – der Kreislauf – steht immer **im Mittelpunkt**. Alles hat einen Mehrfachnutzen, nichts geschieht einfach nur deshalb, weil ich es als Mensch will, denn die Natur hat immer Vorrang!
- Ich achte auf den **KREISLAUF** und den **MEHRWERT**. Nach der Umgestaltung und Formung des Grundstückes sollte so wenig Material wie möglich (am besten gar keines mehr) zu- oder abtransportiert werden.
- **Wasser als Quelle des Lebens** auf meinem Grundstück! Ich halte es so lange und effektiv wie möglich auf meinem Grundstück.
- Beete mit Gemüsen und Kräutern, die ich **täglich und oft** verwende, plane ich **in der Nähe des Hauses** ein.
- Ich achte auf einen **ressourcenschonenden Umgang** und versuche ohne den Einsatz von Plastik auszukommen!
- In der Planung achte ich schon vorsorglich darauf, **ausreichend Lager- und Verarbeitungsmöglichkeiten** mitzubedenken!
- Ich achte auf ein **logisches, breites, bequemes Wegesystem ohne Sackgassen**, auf dem ich mich auch mit kleinen Geräten, wie zum Beispiel Scheibtruhen (Schubkarren), angenehm bewegen kann. Dabei achte ich darauf, dass das Gefälle niedrig bleibt und die Serpentinen großzügig und nicht zu spitz ausfallen.

  Du wirst sehen, dass dieser Punkt wirklich gut durchdacht sein darf, denn ein unbequemes, schwer zu befahrendes Wegesystem ärgert dich die ganze Zeit (das kannst du mir glauben)!
- **(Erd-)Ställe für unsere tierischen Helfer** sowie die daraus resultierende Koppelhaltung werden in die Gesamtplanung mitaufgenommen.
- Mein gesamtes Grundstück darf **(Wild-) Bienen, Schmetterlinge und Co.** zum Leben und Bleiben einladen und wird dementsprechend vorbereitet.
- **Nicht alle Früchte**, die ich anbaue, sind **zum Verzehr von uns Menschen** gedacht. Wir leben in Fülle und Vielfalt, daher teilen wir gerne mit anderen Lebewesen unseren reichen Ertrag.

  Dadurch, dass ich mich diesem „Erntedruck“ entziehe, bekomme ich mehr Freiheit im Denken und Handeln. Ein kleines Beispiel: Wir haben ja schon über das Flächenkompostieren gesprochen. Du weißt wahrscheinlich aus eigener Erfahrung, dass es im Gartenjahr immer so ist, dass gewisse Früchte gleichzeitig reif werden. Besonders intensiv ist die „Kürbis- und Zucchini-Erntezeit“. Jene Früchte, die ich im Haushalt nicht verarbeite, lasse ich an Ort und Stelle liegen. Durch ihre Zersetzung werden viele Kleinstlebewesen und Mikroorganismen satt, diese lockern mir den Boden und helfen mir Humus aufzubauen. Dieser wiederum bindet CO_2 und trägt wesentlich zur Verbesserung des Klimas bei. Einige Früchte lassen wir richtig schön faulig und matschig werden, dann treten wir sie vorsichtig auseinander und verteilen so die Samen auf dem Beet. Zum Schluss geben wir noch Laub, Gemüseabfälle aus der Küche oder etwas Erde über diese Samen und lassen sie ruhen. Im Frühjahr wachsen dort dann die schönsten Pflänzchen.

Sie sind so vital und voller Leben, dass selbst die Spanische Wegschnecke sie nicht als Futter erkennt und einfach daran vorbeispaziert. Ich kann die Pflänzchen auch pikieren (vereinzeln) und in andere Beete setzen. Das ist nur ein Beispiel von vielen, wie so ein Kreislauf der Fülle funktioniert.

- Die **Umgestaltung/Revitalisierung eines Grundstückes** erfolgt bei uns meist mit Unterstützung von schweren Geräten (Bagger etc.). Diesbezüglich hagelt es regelmäßig Kritik, die sich vor allem darauf stützt, dass schwere Maschinen den Boden verdichten und als unnatürlich gelten. Wir verstehen das sehr gut, sehen die Sache aber differenzierter: Schwere Maschinen setze ich nur ein, wenn es dazu dient, ressourcenschonend zu arbeiten. Das klingt jetzt wahrscheinlich unlogisch, ist es aber nicht: Diese Maschinen ersetzen mir die sogenannte Manpower, denn die Arbeitskraft von Menschen ist ebenfalls eine wichtige Ressource! Wenn ich nicht in der Lage bin, zur Umgestaltung meines Grundstückes 20 Menschen für eine bis einige Wochen zu beschäftigen, dann ist es sinnvoll, einen Bagger samt fähigem Baggerfahrer diese Arbeit in ein bis drei Tagen (je nach Größe des Grundstückes) machen zu lassen. Wenn ich geschickt plane, dann habe ich absolut keine Nachteile und auch die Bodenverdichtung hält sich in Grenzen und ihr kann sofort wieder entgegengewirkt werden. Johnny arbeitet meist mit unserem Baggerfahrer, Erdbau Bernhard Prietl/Großstübing, zusammen, der schon oft Projekte mit ihm umgesetzt hat. Das geht mittlerweile so schnell und zügig – das könnten wir unter den gleichen Bedingungen (auch finanziell gesehen) nie mit Menschen anbieten!
- **„Schlüsselfertige Gärten" gibt es nicht!** Selbst wenn du einen Experten einlädst, dich bei der Planung und Gestaltung deines Kreislaufgartens zu unterstützen, wird dein Garten doch DEINE Zeit, Aufmerksamkeit und dein Interesse brauchen.

Während ich hier so vor mich hin schreibe, fällt mir auf, wie viele verschiedene Checklisten wir nun schon erarbeitet haben. Das hat auch einen guten Grund: Sobald ich das Wesen des Wildniskultur-Gärtnerns, also des Kreislaufgartens, einigermaßen verstanden habe, darf ich aus der großen Vielfalt an Möglichkeiten langsam das herausarbeiten, was für mich und mein Grundstück wichtig ist. Listen schreiben hat mir persönlich oft im Leben geholfen schwierige Situationen für mich gefühlsmäßig zu klären und auf das Wesentliche zu kommen. Deshalb greift diese Technik natürlich auch in die Gestaltung meines Traumgartens helfend ein.

WILDNISKULTUR-TIPP von Johnny

Wesentlich ist jedoch, dass du jede unserer „Erfahrungslisten" um deine Erfahrungen erweitern kannst … denn nur so bleibst du und damit auch dein Grundstück authentisch!

Vorher vs. nachher, „Garten für ALLE“, Peggau

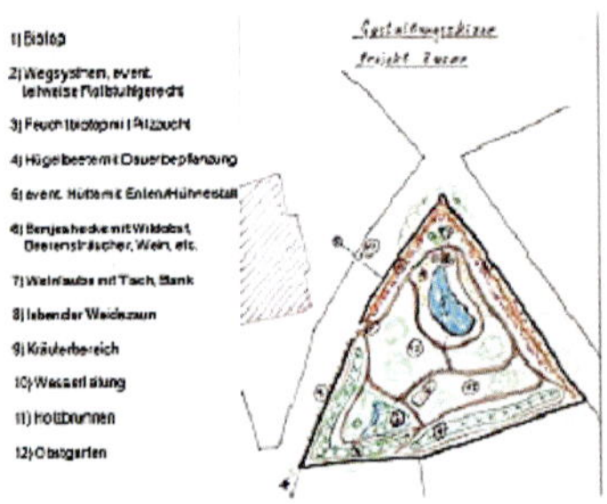

Während der Planung, „Garten für ALLE“, Peggau

Skizze, „Garten für ALLE“, Obdach

Ein Teil von Johnnys Arbeit besteht auch darin, Menschen vor Ort auf deren Grundstücken zu zeigen, wie sie ihr Stückchen Erde zu einem nachhaltigen Gartenparadies gestalten können. **Wir möchten dich auf so einen Rundgang und zu diesen Arbeitsschritten mitnehmen:**

Die Umsetzung

1. Die Begehung

Gemeinsam mit den Grundstückseigentümern wird die gesamte Fläche begangen und analysiert. Die schon beschriebene Checkliste zum IST-Zustand dient hier als Grundlage (siehe Seite 40). Der aktuelle Pflanzen-/Tierbestand wird aufgenommen, die Ausrichtung des Grundstücks, die Verfügbarkeit von Wasser, Besonderheiten und anderes werden notiert.

2. Vermessung (wenn möglich und aufgrund von Hanglagen notwendig)

3. Gesamtplanung: Skizzieren/Planen

Gemeinsam wird die erste Skizze auf einem Grundstücksplan in der Größe DIN A3 angefertigt. Alle wichtigen Details sowie Bodeneinbauten werden berücksichtigt.

Für viele Menschen stellt das Zeichnen eine Hürde dar. Sie befürchten es nicht gut genug zu können oder haben Angst nicht maßstabgetreu zu skizzieren. Diese Bedenken stellst du bitte einfach beiseite! Trau dich drauflos zu zeichnen und alles mit in deinen Gesamtplan zu nehmen, was dir wichtig erscheint. Dies ist ja erst die erste Skizze ... Du bekommst den Dreh langsam, aber sicher raus.

4. Erstellen von Materiallisten aufgrund der Gesamtplanung

Sobald du einen Gesamtplan mit oder ohne Hilfe von einem Experten erstellt hast und auch überprüfen konntest, ob alle technischen und rechtlichen Fragen geklärt wurden, erstellst du am besten eine Materialliste.

Wir machen das bei jedem Projekt. Anhand der Materialliste ist ersichtlich, welche und wie viele Materialien für die Gestaltung gebraucht werden. Dadurch stellst du auch schnell fest, welche Ressourcen schon bei der Umgestaltung anfallen (Erde, Astwerk etc.) und welche du eventuell zuführen musst (Holz für Beeteinfassungen, humose Erde, Mulchmaterial ...). Durch diese immer konkreter werdende Liste erhältst du auch einen Überblick über entstehende Kosten. Berechne auch Fahrten mit ein, die für den Transport von Materialien notwendig sind.

Das Tolle an dieser Liste ist, dass du durch diese genaue Vorbereitung immer den Überblick behältst und du beginnen kannst, dich nach Materialien in deiner Umgebung umzusehen. Durch diese „Sammeltätigkeit" lernst du viele interessante Menschen besser kennen und Ressourcen wie Erde, Steine, Holz etc., die eventuell irgendwo brach herumliegen, werden von dir auf deinem Grundstück wiederverwendet!

5. Finanzielle Kalkulation

Mit der Materialliste hast du außerdem schon eine gute Grundlage für deine finanzielle Kalkulation geschaffen. Bedenke bitte immer, dass dieser Gesamtplan für dein Grundstück wichtig ist, um nachhaltige Kreisläufe aufzubauen. Aber du solltest auch daran denken, dass du die Grundstruktur, die sich aufgrund dieses Planes ergibt, zwar in einem Zuge durchziehen solltest, danach kannst du die Bewirtschaftung und die Details aber schrittweise ausführen. Es muss nicht alles auf einmal gemacht werden.

Skizzieren und Planen

Mit der Herstellung eines naturnahen Wasserkreislaufes beginnst du im Optimalfall. Dadurch ergeben sich meist automatisch Erdbewegungen. Dieses Erdmaterial wird wiederverwendet (Hügelbeet, Hochbeet ...). Damit hast du schon den ersten Kreislauf eröffnet und wieder geschlossen. Schrittweise, je nach Ressourcen, gehst du der Vollendung des Gesamtkonzeptes entgegen.

Nach unserer Erfahrung schaut die Liste für die Kalkulation ungefähr so aus:

- **Planungskosten:** Diese richten sich danach, ob es sinnvoll ist, einen Experten in dieser Phase hinzuzuholen oder nicht. Bei größeren Projekten, wie Landwirtschaften und Ähnlichem, wirst du vielleicht auch Einreichpläne benötigen, diese müssen von einem Architekten angefertigt werden.

  Oft besteht auch die Möglichkeit, die Begehung und Beratung durch einen Wildniskulturexperten als Workshop für andere interessierte Personen anzubieten. Dadurch wird das Wissen rund um diese Schritte professionell weitergegeben und viele Personen profitieren davon.

- **Materialien nach Materialliste:** Wie schon oben erklärt.

- **Bagger- oder Manpower:** Wie schon erwähnt, können, wenn es sich als sinnvoll erweist, schwere Maschinen in der anfänglichen Strukturierung des Geländes von Vorteil sein. Meist handelt es sich um einmalige Eingriffe, die nach der Anfangsphase nicht mehr notwendig und erwünscht sind.

- Für viele Arbeiten, die bei der Umgestaltung und der weiteren Bewirtschaftung anfallen, wäre es günstig Menschen zu haben, die dir helfen. Vielleicht hast du das Glück, in deinem Umfeld interessierte Freunde und Bekannte zu haben, die dir helfen möchten. Du kannst auch überlegen, ob diese Helfer eventuell einen Teil der Ernte für ihre Hilfe erhalten.

- **Transportkosten:** Es ist relativ selten, dass auf einem Grundstück in dieser Phase des Tuns alle Rohstoffe und Ressourcen, die benötigt werden, schon oder in ausreichendem Maße vorhanden sind. Falls das nicht der Fall ist, rechne bitte Transportkosten für die Materialien mit ein.

  Das ist ebenfalls wieder spannend, denn im Zuge dieser Planungsarbeiten wirst du dich eventuell zum Jäger und Sammler entwickeln. Unser Sohn Kilian meint immer, das sei wie bei Pippi Langstrumpf, die ja auch „Sachenfinderin“ ist. Nimm Kontakt zu örtlichen Bauern auf und hör dich ein wenig um: Oft entstehen großartige Connections und du kannst dir eventuell viel Geld sparen!

6. Besprechungen und Einreichungen bei Behörden (falls notwendig)

Dies ist ein heikler Punkt, denn es ist äußerst unterschiedlich, wie Gemeinden und Behörden mit ökologischen Umgestaltungsmaßnahmen umgehen. Uns ist es wichtig, dich darauf hinzuweisen, dass du zwar moralisch/ethisch gesehen auf jeden Fall Recht hast, dass es aber auch Ebenen gibt, die eventuell gefragt werden sollten. Dies gilt aber im Wesentlichen nur für die Umgestaltungen zur Wildniskulturlandwirtschaft in Bezug auf Wasserretentionsflächen. In Österreich/Burgenland weiß unsere Kollegin Judith Anger vom Wildniskulturhof aus eigener Erfahrung gut Bescheid.

7. Terminisierung und Feinabstimmung mit allen Beteiligten

Ein guter, weil sich immer wieder bestätigter Rat: Die Umstrukturierung deines Geländes/Grundstückes erfolgt in einem Schritt! Wir haben festgestellt, dass das stückweise Renaturieren/Gestalten eines Grundstückes um ein Vielfaches teurer und anstrengender ist. Richte dir dein Grundstück so her, dass das Arbeiten darauf vereinfacht wird und freudvoll ist. Es müssen und sollen nicht alle angelegten Flächen sofort Ertrag bringen. Das Einsäen mit Gründüngung dort, wo Flächen noch nicht gleich gebraucht werden, bereitet den Boden für alles Künftige vor und hilft, den Gesamtkreislauf so schnell wie möglich aufzubauen.

Durch deine Vorbereitungsmaßnahmen, die du als aufmerksamer Leser bzw. als aufmerksame Leserin natürlich getroffen hast, weißt du nun ungefähr, wie lange die Umstrukturierung deines Grundstückes dauern wird. Für solche Projekte eignen sich am besten das Frühjahr oder der Herbst. Am besten, du machst dir mit deinen Helfern auch einen Ersatztermin aus und fixierst ihn, das hat uns schon oft geholfen!

8. Praktische Umsetzung

Die folgenden Bilder geben dir einen ersten Einblick in die praktische Umsetzung von verschiedenen Projekten.

Getrockneter Grasschnitt als Mulchmaterial

Bau eines großen Hochbeetes mit Sohn Lion, Flaschbacherhof, Übelbach

Gestaltung eines Terrassengartens in einem Privatgarten in Übelbach

Hangterrassierung, Kräuteranlage, Amering/Einfach essbares Obdach

Bau einer Benjeshecke (Totholzhecke) mit Sohn Jakob

Umgestaltung einer öffentlichen Grünfläche mit Spielplatz zum 1. essbaren Wildniskulturspielplatz, Übelbach

GESTALTUNGSELEMENTE DER PERMA-/WILDNISKULTUR

FÜR EINEN HARMONISCHEN KREISLAUF DES MITEINANDERS

In diesem Buch wollen wir dir jene Gestaltungsmöglichkeiten für Wildniskulturlandschaften vorstellen, die sich aufgrund unserer jahrelangen Erfahrung am besten bewährt und angeboten haben. Aber denk daran: Die Gestaltungselemente stehen nicht im Fokus. Viel wichtiger ist es uns, die Essenz, das Wesentliche – nämlich die Fülle und Vielfalt – in das Zentrum der Aufmerksamkeit zu setzen! Denk auch an die KLIMA-FIT-Grundsätze, dann wirst du innerhalb kürzester Zeit deine für dich passende Oase gestalten.

Wenn wir es durch unser Tun, und dazu gehört auch das Verfassen dieses Buches, erreichen, dass die Menschen wieder mehr Wildnis, Wildheit und damit Kraft und Energie im Garten und auch in der Landwirtschaft und auf öffentlichen Flächen in Städten oder Gemeinden sowie in Gärten von Schulen und Kindertagesstätten zulassen, dann haben wir viel geschafft und sind unglaublich dankbar!

Wie im gesamten Buch legen wir auch hier unseren Fokus auf **logische Zusammenhänge, naturnahes Denken und ressourcenorientiertes Tun**. Der Mehrfachnutzen für dich und deine dich umgebenden Mitlebewesen sollte bei jeder Umgestaltungsmaßnahme gegeben sein!

DAS NATURBIOTOP UND DIE PHILOSOPHIE DES WASSERS

Wasserschutz ist Klimaschutz

„*Wasser ist Leben*“ … ein geflügelter Satz. Oft und gerne verwendet und trotzdem scheinbar so schwer mit Inhalt und Leben zu befüllen!

Wie gehen wir als Erdenbürger mit Wasser um? Findest du, dass du selbst dem Element Wasser den nötigen Stellenwert in deinem Leben gibst? Bist du sparsam mit Trinkwasser? Wie oft musst du deinen Rasen bewässern, wie oft deine Beete? Warst du schon in Ländern, wo du das Wasser aus dem Wasserhahn nicht trinken durftest oder solltest?

Welche Putz- und Reinigungsmittel verwendest du? Sind sie vollständig abbaubar und somit keine Gefahr für das Wasser? Wie

Biotop, Vereinsgarten Übelbach

sieht es mit Spritzmitteln in Gärten und in der Landwirtschaft aus? Denkst du, dass diese nicht in den Grundwasserspiegel gelangen?
Wie sieht es mit dem Thema „Strom aus Wasserkraft" aus? Ist die Gewinnung des Stromes auf diese Art und Weise für die Gewässerökologie unbedenklich? Was glaubst du?

Diese Fragestellungen können wir beliebig lange fortsetzen. Die Frage ist: „Bist du mit deinen Antworten bis jetzt zufrieden? Achtest du in deinem Umgang mit der Ressource Wasser in DEINEM Leben und DEINEM Umfeld ausreichend auf Nachhaltigkeit und Sparsamkeit?"

Es liegt nicht in unserem Interesse dich oder andere zu maßregeln. Denn sicher hat auch unser Leben noch ausreichend Kapazität zur Weiterentwicklung und größerer Sensibilität im Umgang mit unserem wichtigsten Lebensspender ... und doch hat sich in unserem Leben durch das Auseinandersetzen mit dem Kreislaufgärtnern schon vieles in die richtige Richtung entwickelt.

Fazit ist, wir wissen, dass wir ALLE – Mensch, Tier und Pflanze – ohne sauberes und ausreichend vorhandenes Wasser nicht auskommen. In der Planung und Umsetzung eines Wildniskulturgartens ist das Element Wasser daher von vorrangiger Bedeutung.

KLIMA-FIT-TIPP von Johnny

Integriere „Wasser" als Partner in deinem Garten. Als großes oder kleines Biotop, als Brunnen oder Ähnliches. Du ersparst dir dadurch ständiges Gießen. Du gehst dadurch sparsam mit deinem Wasser um und förderst den natürlichen Wasserkreislauf. Neue Quellen werden im Laufe der Zeit entstehen, alte, rückläufige Quellen werden sich wieder füllen.

In der Gestaltung deines Grundstückes kannst du, unter Zuhilfenahme von Gestaltungselementen, Kreisläufe und Mehrwerte erkennen. Um einen **Gestaltungsplan** zu machen, braucht es wie immer einen Anfang ... Das wesentliche Element in deinem Wildniskulturgarten sollte das **Wasser** sein. Wenn irgendwie möglich stelle es in den Fokus ... um dieses „Lebenselement" herum baut sich dein Kreislaufgarten auf.

Selbst die kleinste Pfütze und das kleinste Biotop helfen deinem Grundstück, selbsttätiger und fruchtbarer zu werden. Deshalb macht es Sinn, dort, wo das Wasser sich schon jetzt länger am Grundstück hält, eine Wasserretentionsfläche (Biotop, Teich, Lacke ...) anzulegen. Die Größe wird durch die Größe des Grundstückes, die Topografie und durch die Bodenbeschaffenheit bestimmt.

Durch das Anlegen dieses Biotopes (auf größeren Grundstücken, vor allem mit Hanglage, empfehlen sich mehrere Wasserretentionsflächen, die miteinander kommunizieren) entsteht meist so viel Aushub, dass dieser für das nächste Gartenelement bereitsteht. Diese Erde dient dann einem Hügelbeet oder einem großen Hochbeet als „Füllmaterial".

Am besten wir lassen ein paar Bilder sprechen. Bitte betrachte sie einfach und lasse alle Gedanken und Gefühle zu. Schau bitte mal, wie es dir geht, wenn du eine Garten- oder eine Waldfläche in Verbindung mit dem Element „Wasser" wahrnimmst.

Naturbiotop, Gestaltung Garten für ALLE, Peggau

Naturbiotop ohne Folie und Beton, Vereinsgarten Übelbach

Lebensraum Wasser mit integriertem Totholz, Garten für ALLE, Peggau

Na, was sagst du? Wie gefallen dir die Bilder? Schauen die Gärten natürlich aus? Würdest du vermuten, dass die Biotope und auch die Gärten rund um sie herum gestaltet wurden? Dass da vorher überall nur der Rasen gemäht wurde?

Diesen Abschnitt des Buches haben wir uns zum Schreiben ganz bis zum Schluss aufgehoben, auch wenn er für dich als Leser ziemlich am Anfang des Buches in Erscheinung tritt. Johnny und ich haben uns viele Gedanken darüber gemacht, wie wir dir die Wichtigkeit und Dringlichkeit dieses Themas am besten nahebringen. Es war uns bewusst, dass wir eventuell Schwierigkeiten damit haben könnten, nicht ein komplettes Buch nur über dieses Thema zu schreiben. Daher haben wir abgewartet und uns dem Schreibefluss hingegeben, um zu sehen, ob wir es vielleicht schaffen, diesen wichtigen Schwerpunkt in Johnnys Arbeit im gesamten Buch immer wieder zu integrieren. Ich denke, das ist uns zum Teil ganz gut gelungen, und so wollen wir nun die Informationslücken ansatzweise füllen, im Wissen um die Unvollständigkeit unserer Aussagen.

In unserem **Fischteich am „Flaschbacherhof“** tummeln sich seit Sommer 2019 viele kleine Fische. Meist Arten, die auf der „Roten Liste“ des Artenschutzes stehen. Hüter und Bewahrer dieses Naturbiotopes ist unser Sohn Lion, heimische Teichmuscheln und Teichpflanzen helfen dabei, das optimale Lebensumfeld für die Bewohner zu fördern.

Entstanden ist dieser Fischteich schon vor langer Zeit, die damaligen Besitzer und Bewohner des Hofes haben an der Grenze von Zufahrtsweg und Wald einen gut, weil relativ natürlich geformten Teich mit natürlichem Quellzulauf und einem Ablauf geschaffen. Nach unserem Zuzug im Frühjahr 2019 war schnell klar, dass unser „Fischerkönig“ Lion die Verantwortung für den Teich übernehmen wird. Lion ist von klein auf ein „Kind des Wassers“. Schon als Zwergerl war für ihn das Element „Wasser“ magisch. Regungslos stand er mit nicht einmal drei Jahren an Teichen, Flüssen und Seen und schaute stoisch ruhig ins Wasser. Später, mit ungefähr fünf Jahren, entwickelte er seine Leidenschaft für das Fischen, der er nach wie vor liebend gerne, vorzugsweise mit seinem Papa, nachgeht.

Lebensraum für bedrohte Kleinstfische im Wald, Flaschbacherhof

Er interessiert sich für Gewässerökologie und entschied sich nach eingängiger Beratung mit einer lieben Freundin und Expertin dafür, Kleinstfische zu züchten. Vorzugsweise solche, die es in freier Wildbahn, aufgrund von menschlichem Versagen, kaum noch gibt. Die Zucht ist aber ein ganz natürlicher Vorgang; jene Fische, die sich im Teich gut anpassen, vermehren sich. Lion greift nicht ein und füttert auch nicht. Die Fische filtern sich alles, was sie brauchen, aus dem Wasser.

Folgende Lebewesen finden in „Lions Teich" einen neuen, geschützten Lebensraum:

- **Bitterlinge** (*Rhodeus amarus*): Bitterlinge brauchen für die Fortpflanzung Teichmuscheln (in unserem Teich wohnen große, heimische Teichmuscheln). Sie fressen wirbellose Tierchen und Algen und säubern so das Wasser. Die Bitterlinge sind im Moment noch nicht auf der Roten Liste der gefährdeten Arten der IUCN geführt. Ohne Schutz und Förderung nimmt der Besatz durch Wasserverschmutzung und vor allem durch die Gefährdung der Teich- und Flussmuschelpopulation aber bedrohlich ab.
- **Elritze** (*Phoxinus phoxinus*): Elritzen lieben sauberes Wasser. Sie dienen deshalb als „Anzeiger für Trinkwasserqualität". Ein Vorkommen in freier Natur ist deshalb immer seltener. Elritzen fressen vor allem Kleinkrebse, Insekten und Algen.
- **Schneider** (*Alburnoides bipunctatus*): Der Schneider ist in Mitteleuropa schon sehr selten geworden. Er frisst Plankton, kleine Würmer, Insektenlarven und kleine Krebstiere.
- **Gründling** (*Gobio gobio*): Der Gründling gilt im Moment als nicht gefährdet, wird aber auf der Roten Liste der gefährdeten Arten geführt. Er frisst Weich- und Krebstiere sowie Insektenlarven.

Um die Bedingungen für ein solches Unterfangen möglichst optimal zu gestalten, half uns unser Lieblingsbaggerfahrer und gestaltete mit Johnny und Lion den vorhandenen Teich ein wenig um. Er wurde ausgehoben und stellenweise vertieft sowie ein wenig ausgeformt, sodass die Lebewesen möglichst natürliche, ganzjährig gute Bedingungen vorfinden. (Auch Kröten, Salamander, Frösche und andere Lebewesen finden hier wunderbare Bedingungen vor!) Der Ablauf wurde mittels Mönchsystem optimiert.

TIPP! Mönchsystem

Der „Mönch" wird als Stau- und Ablassvorrichtung in Teichen verwendet. Durch das bewegliche, weil seitlich verstellbare Rohr kann die Wasserretentionsfläche in ihrer Höhe besser reguliert werden. Am besten bringt man ihn an der tiefsten Stelle des Teiches an. Er wird direkt mit einem drehbaren Gelenk mit dem Abflussrohr, das durch den Damm des Teiches geführt wird, verbunden. Der Teich kann durch dieses System auch ganz abgelassen werden.

Natürlich wird jede Wasserretention (das Halten des Wassers am Grundstück durch unterschiedlich große Möglichkeiten für das Wasser, sich zu einer Fläche zu sammeln) – ganz egal wie groß oder klein – OHNE Folie oder sonstige Hilfsmittel verdichtet!

Es geht ja darum, der Umgebung eine Wasserfläche zur Verfügung zu stellen, die unterirdisch und oberirdisch die Lebensbedingungen von Flora und Fauna verbessert und fördert. Dies ist in einer vollkommen abgedichteten Form, die undurchlässig ist, NICHT möglich. Die notwendige Verdichtung des Biotopuntergrundes wird durch „einschlämmen" und walzen bzw. treten möglich.

Wasserretention – Vorbild Natur

Johnny ist der Meinung, und ich unterstütze ihn da vollkommen, dass er keine Anleitung zum „Anlegen einer Wasserretentionsfläche" geben möchte. Nicht, weil er sein Wissen nicht an dich weitergeben möchte, sondern weil gerade in der Gestaltung von Biotopen, Teichen und Ähnlichem die Bedingungen vor Ort die jeweiligen Maßnahmen und Umsetzungsmöglichkeiten vorgeben! Es wäre, seiner Meinung nach, grob fahrlässig, „fertige" Anleitungen weiterzugeben, die dann, ohne auf die individuelle Situation Rücksicht zu nehmen, angewendet werden. Dafür sind die Vorgehensweise und auch die Auswirkungen (vor allem bei Wasser-

Mönchsystem – Fischteich am Flaschbacherhof nach der Revitalisierung des vorhandenen Teiches

retentionen in Hanglagen) zu komplex. Daher laden wir dich lieber dazu ein, bei Exkursionen oder Seminaren vor Ort in das Thema einzutauchen. (Mehr Infos dazu im Anhang dieses Buches.)

Was geschieht in der Natur, damit **Lacken (Pfützen)** entstehen? Sie entstehen oft nach starkem Regen, meist auf befahrenen Wegen. Beim Befahren der Straßen entstehen Ausformungen, kleine bis größere Löcher im Weg, diese füllen sich mit Wasser. Das Wasser bleibt nach dem Regen und während des Regens im Loch stehen und weicht den Untergrundboden auf. Durch das Durchfahren und Durchgehen durch diese befüllten Ausformungen wird das Wasser mit der Erde vermischt. Dieser Schlamm wird durch das Befahren immer wieder verteilt, die gröberen Bestandteile dieses Erd-Wasser-Gemisches bleiben durch das Verspritzen in der Umgebung liegen, die feinen Bestandteile, die tonartigen Teilchen fließen zurück in die Pfütze und werden im Laufe der Zeit in immer tiefer liegende Erdschichten geschwemmt. Der Untergrund wird mehr und mehr abgedichtet, bleibt jedoch immer ein wenig durchlässig. Im Laufe der Zeit versickert das Wasser kaum noch. Ein natürliches Biotop ist entstanden.

Ein Beispiel für eine natürlich entstandene Wasserfläche wäre auch eine **Schweinesuhle**. Schweine lieben es, sich im Schlamm zu wälzen. Durch das ständige Wälzen in einer vorher entstandenen Lacke wird diese immer größer und verschlammter. Das Wasser mischt sich mit der Erde. Durch das Suhlen des Schweines in der Lacke wird das Wasser-Erd-Gemisch wieder in alle Richtungen verspritzt. Die feinen Teilchen rinnen langsam in die Suhle zurück, danach geschieht alles, wie vorab beschrieben.

WILDNISKULTUR-TIPP von Johnny

Unbedingt auf den Einsatz von Folien und Beton verzichten! Der Umwelt zuliebe.

Naturbiotop, Vereinsgarten Übelbach

Der **Vereinsgarten „Wildniskultur – Einfach Essbar“** befindet sich auf Privatgrund und entstand auf Wunsch der dort lebenden Familie. Sie wollten den unwegsamen und steilen Hang nutzen und begehbar machen und gleichzeitig ein Zeichen für den Umweltschutz durch einen Wildniskulturgarten setzen. Da die Familie über einen Zugang zu einer Quelle verfügt, war es einfach, ein Biotop entstehen zu lassen. Der Hang wurde vorsichtig terrassiert und der Aushub für das Naturbiotop wurde in die Tätigkeiten integriert. Auch hier wurde ein Mönchsystem installiert.

Der Garten sowie einige Nebenräume wurden Johnny für Vereinszwecke zur Verfügung gestellt. Hier finden nun praktische Seminare, das Vorziehen unserer Pflanzen und einiges mehr statt. Da sich dieser Wildniskulturgarten auf Privatbesitz befindet, ist er nicht frei zugänglich. Falls du uns dort einmal besuchen möchtest, melde dich bitte zu einer Führung oder einem Seminar an.

Der **„Garten für ALLE“ der Unternehmensgruppe Zuser in Peggau** ist wohl eines der gelungensten Beispiele für Klimaschutz in Wildniskultur im öffentlichen Raum. Für jeden frei zugänglich, aber trotzdem privat (das gesamte Gelände ist ein firmeneigenes Grundstück) unterliegt es nicht allen (mehr oder weniger sinnvollen) öffentlichen Vorgaben.

Kinder und Wasser

Leider haben wir als Gesellschaft immer mehr Regeln entwickelt, die es uns und vor allem unseren Kindern schwer machen, mit einem natürlichen Umfeld klarzukommen. So haben wir zum Beispiel große Ängste in Bezug auf Wasserflächen und ihre Zugänglichkeit für die Bevölkerung entwickelt. Wir bauen zwar nach wie vor Geh- und Radwege entlang von Flüssen und Seen, Naturbiotope werden aber im öffentlichen Raum nicht gerne gesehen oder sogar verboten. Hier, so meinen wir, könnten unsere Kinder Schaden nehmen.

Holzbrunnen mit Biotop, Unternehmensgruppe Zuser, Garten für ALLE, Peggau

Natürlich bemüht sich Johnny immer um die größtmögliche Sicherheit für alle und wir nehmen, gerade als Eltern, Ängste rund um unsere Kinder sehr ernst. Allerdings sind wir folgender Meinung:

1. Kinder sollten ohne Aufsicht und Begleitung bis zu einem Alter, wo sie aufgrund von Erfahrungen schon selbstständig vernünftige und logische Entscheidungen treffen können, nicht weit weg oder außer Sichtweite der Erziehungsberechtigten spielen.
2. Wie sollen Kinder Erfahrungen mit dem Lebensraum Wasser machen können, wenn sie sich nicht direkt und aktiv damit auseinandersetzen dürfen?
3. Ein Naturbiotop und alle anderen Wasserretentionsflächen in Wildniskultur sind KEINE herkömmlichen Fischteiche. In solchen Fischteichen, die ohne Ufer- und Flachzonen und ohne Möglichkeit, nach einem Sturz wieder herauszukommen, gebaut werden, können natürlich Menschen ertrinken. Ganz klar! In Wildniskultur-Wasserretentionsflächen müsste schon sehr viel schief gehen, dass dies passiert. Denn diese Wasserflächen haben IMMER flache Uferzonen, die langsam und bedächtig tiefer werden. Auch gibt es überall Bewuchs von Pflanzen, meist rund um das Biotop herum. Nur wenige Stellen sind wirklich tief.

Wie gesagt, gerade wir als Eltern verstehen die Sorgen. Mit unserem Lion durften wir unser Vertrauen stärken. Ich habe ja schon erwähnt, dass er Wasser immer schon sehr anziehend fand. Es war nicht immer einfach, ihn beim Betrachten von Wasserflächen zu beobachten und ihn dabei nicht ständig zum Schutz festzuhalten. Dabei sein ist alles ... auch für uns Eltern.

Die Herausforderung besteht eher darin, aufmerksam sein Kind zu begleiten, obwohl noch andere Kinder zu betreuen sind. Einfach war es nicht immer, aber Lion hat den Umgang mit dem Element Wasser gelernt und seine Sensibilität diesem Lebenselixier gegenüber, aber auch der Umwelt insgesamt hat ihn bis jetzt begleitet und ihn stark gemacht.

Wasser ist genial: Kilian, Lion, Jakob, Johnny (v. l. n. r.)

Das Naturbiotop als Lernort, Garten für ALLE, Peggau

Einfache, natürliche Bepflanzung eines Gartenteiches

Wassertiefe bis 10 cm:
Blutweiderich (*Lythrum salicaria*)
Sumpfvergissmeinnicht (*Myosotis palustris*)
Sumpfdotterblume (*Caltha palustris*)
Froschlöffel (*Alisma plantago-aquatica*)

Wassertiefe 10 bis 20 cm:
Wasserminze (*Mentha aquatica*)
Tannenwedel (*Hippuris vulgaris*)
Pfeilkraut (*Sagittaria sagittifolia*)
Sumpfblutauge (*Potentilla palustris*)

Wassertiefe 20 bis 50 cm:
Wasserhahnenfuß (*Ranunculus aquaticus*)
Froschbiss (*Hydrocharis morsus-ranae*)
Seekanne (*Nymphoides peltata*)

Schwimmende Wasserpflanzen:
Seerosen (*Nymphaea*)
Krebsschere (*Stratiotes aloides*)
Hornkraut (*Ceratophyllum demersum*)
Wasserlinsen (*Lemna*)

TIPP! Bau eines Retentionsbeckens

Geeigneten Standort suchen bezüglich Wassereinzugsgebiet und Topografie. Der geeignete Standort wird mittels Bagger (macht Probeschlitze) untersucht. Durch diese Schürfschlitze erfahren wir mehr über die oberen Erdschichten, darüber, welches Material vorhanden ist. Erst dann ergibt sich die weitere Vorgehensweise.

Im flachen Gelände ist das Bauen eines Retentionsbeckens relativ einfach. In Hanglage ist der Bau eines Dammes notwendig. Diese Arbeiten, ebenso das Terrassieren in Hanglagen, sind nur mit Baufirmen durchzuführen, die auch entsprechende Erfahrungen haben. Bei unsachgemäß durchgeführten Arbeiten besteht die Gefahr von Hangrutschungen.

EINFRIEDUNGEN UND ZÄUNE NATURNAH GESTALTEN: NATURHECKE, BENJESHECKE, WEIDENZAUN

Ob in der Stadt, im Dorf oder am Land, du möchtest gar nicht glauben, wie wichtig Einfriedungen bzw. Zäune sind. Ich persönlich hatte anfangs wirklich Schwierigkeiten damit, mein Denken auf „Natürlichkeit“ und „Abkupfern der Natur“ auszurichten und gleichzeitig Johnnys Rat zum „Zäunebauen“ mit meinen Vorstellungen zusammenzubringen. War ich doch der Meinung, dass wir als Menschen beginnen sollten, Mauern und Hindernisse abzubauen, anstatt sie zu errichten. Erst nach und nach begriff ich, wie natürlich und logisch Einfriedungen sind, besonders wenn sie aus Naturmaterial gebaut werden.

Johnny als „Landschaftsleser“ versteht das so: Ein Grundstück als solches hat „Grundstücksgrenzen“, diese sind im Grundbuch eingetragen und haben meist gar nichts mit den logischen Zusammenhängen deiner Fläche zu tun. Bei Beratungen ist es oft der Fall, dass Johnny den Auftraggebern erklärt, dass ihr Grundstück, wenn er es als Gesamtorganismus mit all seinen Ressourcen sieht, entweder oft Teil eines Nachbargrundstückes ist oder umgekehrt ein Teil des Nachbargrundstückes zum Zusammenhang des eigenen Grundstückes gehört.

Diese Grenzen, die oft mit Zäunen optisch gekennzeichnet sind, sind menschengemacht und entbehren meist jeglichen logischen Inhaltes. Nichtsdestoweniger ist das nun einmal unsere Lebenssituation. Wir versuchen das Beste daraus zu machen.

Ist dein Grundstück aufgrund dieser Maßnahmen eingefriedet, dann darfst du überlegen, ob diese Einfriedung für dich, nachdem du den Entschluss zum Wildniskultur- und Kreislaufgärtnern getroffen hast, auch noch so stimmig ist. Gemeint sind damit Zäune, die entweder weit weg von Natürlichkeit sind und die nicht der Schaffung von Lebensräumen dienen. Oder auch Einfriedungen, die eintönig und eher schädlich für den Organismus Boden sind als nützlich.

Einige Beispiele für häufig verwendete Zäune bzw. Begrenzungen:

- Ein einfacher **Metallzaun** sieht oft sehr steril aus. Er lässt vor allem Kinderspielplätze und Gärten von Kinderbetreuungseinrichtungen und Schulen wie Zookäfige erscheinen. Diese Zäune erfüllen zwar ihren Zweck als Schutz der Kinder, vermitteln aber das Gefühl der „Unnatürlichkeit". Gerade hier können einfache Maßnahmen zur Renaturierung schnell umgesetzt werden, zum Beispiel mit dem Anlegen einer Naschhecke mit Beet und Beeteinfassung in Mischkultur (dazu später mehr!)
- Immer öfter kannst du auch sogenannte **„Steinkorbsysteme"** oder **Gabionen** sehen. Das sind Metallgeflechte, die mit Steinen befüllt sind. Diese sind vom Naturgedanken und Mehrfachnutzen weit entfernt und würden, unserer Meinung nach, auf jeden Fall durch einen Naturzaun ersetzt werden.
- Sehr beliebt sind nach wie vor Thujenhecken und Kirschlorbeerhecken. **Thujen** bieten für Vögel und Insekten kaum Nahrung und Unterschlupf. Dadurch dass kaum Niederschlag bis auf den Untergrund trifft, herrscht unter der Thuja Kargheit, Bodenlebewesen sind hier kaum zu finden. Die Thuja verrottet sehr langsam und ist so giftig, dass der Thujenschnitt eigentlich als Sondermüll entsorgt werden müsste!
- Vor einer **Kirschlorbeerhecke** (richtig wäre der Ausdruck „Lorbeerkirsche") warnt der Deutsche Naturschutzbund (NABU) eindringlich: „Eine Lorbeerkirschenhecke sei eine *hochgiftige, ökologische Pest und ein Verbrechen an der Natur!"* Die Blätter und Früchte des Strauches sind äußerst giftig. Die Hecke

Weidenzaun mit Tor, Wildniskulturspielplatz Übelbach

bietet zwar Schutz für die Vögel, ist aber auch für sie ungenießbar (außer für einige Drosselarten). So wie die Thuja müsste auch der Lorbeerkirschenschnitt als Sondermüll entsorgt werden!

Wenn du nun Nachbarn hast, die mit solchen Zäunen an dein Grundstück grenzen, wäre es sinnvoll, mit ihnen in Kontakt zu treten und sie über die Nachteile, die diese Art der Bepflanzung mit sich bringt, zu informieren. Wer weiß, vielleicht hast du Glück und ihr findet gemeinsam eine natürlichere und ökologisch sinnvollere Alternative?

Die Naturhecke

Es gibt zahlreiche **heimische Sträucher und Bäume**, die sich **als Heckenbepflanzung** anbieten. Eine **„bunte Hecke der Biodiversität“** bietet zahlreichen Vogelarten einen natürlichen Lebensraum und lädt auch Igel ein, hier Quartier zu beziehen. Durch die Schaffung dieser Rückzugsoase für so viele Tiere hast du automatisch jene „Helfer im Garten“ eingeladen, bei dir zu wohnen, die Schädlinge wie die Spanische Wegschnecke regulieren und eine Überpopulation von Schmetterlings- und Käferlarven eindämmen.

So eine Naturhecke besteht aus **unterschiedlichen recht eng gesetzten Sträuchern und Bäumen.** Unter diesem Bewuchs können sich niedrigere Pflanzen ansiedeln, da die höheren Büsche und Bäume das nötige Licht und den Regen durchlassen. Du kannst die verschiedenen Pflanzen leicht versetzt im Abstand von 1 bis 2,5 m und im wilden Durcheinander, so wie du sie in der Natur finden würdest, pflanzen.

Es gibt für ein vertieftes Studium Fachliteratur zum Anlegen einer Naturhecke und auch im Internet wirst du schnell fündig werden. Da es so unendlich viele Möglichkeiten für Hecken gibt, geben wir dir hier nur eine kleine **Anzahl von möglichen Pflanzen für deine „bunte Hecke der Vielfalt“**:

- Rote, Weiße und Schwarze Johannisbeere
- Eberesche
- Hain- und Rotbuche
- Sand- und Weißdorn
- Schlehe
- Schwarzer und Roter Holunder
- Haselnuss
- Kornelkirsche
- Felsenbirne
- Wildrose

Generell sät Johnny immer und überall eine „Untersaat“ ein, um die Bodenlebewesen zu stärken und die Pflanzen zu unterstützen. Wichtig ist, dass eine dauerhafte Bedeckung des Bodens erreicht wird. Du kannst säen, oder setzen, was du möchtest. Als **Naturhecken-Untersaat** eignen sich zum Beispiel:

- Rot-, Weiß-, Gelb-, Hornschoten- und Inkarnatklee
- Spitzwegerich
- Schafgarbe
- Margerite
- Ringelblume
- Kapuzinerkresse
- Gemüsesamen wie Radieschen, Karotten, verschiedene Rübenarten

Weitere Infos zu Links findest du am Ende des Buches.

Ob nun beim Nachbarn angrenzend oder nicht, Faktum ist, dass selbst im dichtbebauten Gebiet „Mitesser“ an deinen Gartenfrüchten interessiert sein könnten. Der Wildniskulturgarten zeichnet sich zwar durch seine Bereitschaft zum Teilen aus, allerdings wäre es für jeden Gartenbesitzer, der Lebensmittel für sich und seine Lieben anbauen will, trotzdem recht frustrierend, nichts ernten zu können. Durch den immer kleineren Lebensraum, den wir unseren Wildtieren geben, werden diese natürlich immer dreister in der Futtersuche. Rehe, Wildschweine, Waschbären, Dachse und Co. naschen im Gemüsebeet oder am Komposthaufen mit.

Daher ist es sicher angebracht Zäune zu errichten, die die größeren Wildtiere von deinem Gemüse fernhalten. Bei uns am „Flaschbacherhof" stecken wir gerne zusätzlich mobile Weidezäune, da unsere „Schneckenpolizei" (unsere Hühner) nur im Herbst und Frühjahr auf den Flächen, wo wir Gemüse und Kräuter anbauen, nach Schnecken bzw. Schneckeneiern scharen darf. In der Wuchs- und Erntezeit haben sie auch außerhalb der Steckzäune genug Fläche zur Verfügung.

Die Benjeshecke

Eine alte, effektive, billige und natürliche Möglichkeit, eine Einfriedung zu errichten, ist der Bau einer Benjeshecke. In vielen Gärten, die Johnny im Laufe der Jahre begleitet hat, ist die **Benjeshecke** oder Totholzhecke ein wesentliches Element.

Der Bau einer Benjeshecke ist sehr einfach und eignet sich besonders dafür, **anfallenden Baum- und Strauchschnitt**, der eventuell durch die Umgestaltung zum Wildniskulturgarten anfällt, **sinnvoll und ressourcenorientiert zu nutzen**!

Du benötigst dazu:

- anfallenden **Baum- und Strauchschnitt** (solltest du davon zu wenig haben, kannst du auf deinem Gemeindeamt nachfragen, ob sie dir behilflich sind. In Gemeinden fällt immer wieder Baumschnitt an). Achte bitte darauf, dass du auf Astschnitt von Pflanzen, die leicht wieder austreiben (zum Beispiel Weiden), und auch Thujen-, Kirschlorbeerschnitt und andere giftige Pflanzen verzichtest!
- **pro Laufmeter** Hecke jeweils **zwei gegenüberliegende Holzpflöcke** (am besten nimmst du langlebiges und unbehandeltes Holz wie Akazien- oder Lärchenpflöcke).

Johnny liebt es, für die Totholzhecke (den Asthaag) mit **lebenden Weiden** zu arbeiten. Er nimmt dafür frisch geschnittene Weiden

Eine Benjeshecke mit einem Mischkulturbeet, eingefasst mit Steinen

im Durchmesser von ca. 10 cm und mit einer Höhe von ca. 1,70 bis 2,2 m und steckt sie, unter Zuhilfenahme einer Eisenstange und eines Vorschlaghammers oder bei schwierigeren Bodenverhältnissen mit Hilfe eines elektrischen Erdbohrers, ca. 40 bis 50 cm tief in die Erde.

Die Weiden sollten frisch geschnitten sein, da sich dadurch ihre Bereitschaft anzuwachsen erhöht. Nach nur kurzer Zeit treiben die Weidenstämme neu aus und du kannst sie als „lebende Ressource" als Kopfweide erziehen.

INFO! Kopfweide

Eine Kopfweide ist keine Weidenart, sondern eine „Erziehungsform". Als Kopfweide bezeichnet man Weiden, deren Stamm auf geringer Höhe (1 bis 3 m) gekürzt wurde und deren Austrieb alle zwei bis drei Jahre geschnitten (geerntet) wird.

Kopfweiden waren früher sehr beliebt, da sie durch das regelmäßige Beschneiden lange, gerade Ruten bilden, die zu Weidenarbeiten verwendet wurden.

Zwischen die Weidenpaare oder die Holzpflöcke aus dem von dir gewählten Holz wird nun der Astschnitt längs geschlichtet. Die Benjeshecke kann in der Größe variieren, je nachdem wie viel Material dir zur Verfügung steht oder wie viel Platz du hast. Sie sollte aber mindestens 0,5 m breit und 3 bis 4 m lang sein, damit sich Pflanzen und Tiere wohlfühlen können.

Begleitet wird die Hecke durch ein **Beet mit Beeteinfassung aus Steinen oder unbehandeltem Holz**. Dieses Flachbeet bepflanzen wir gerne mit einer Mischsaat aus Pflücksalaten, rankender Kapuzinerkresse, Zwiebeln, Rüben, Karotten, Radieschen, Gelbsenf und allem, was dir sonst noch einfällt und schmeckt.

Gerade im ersten Jahr achtet Johnny auf einen **optimalen Bodenaufbau**. Dauerhafte, flächendeckende Bepflanzung steht auch hier im Fokus, daneben wird fleißig gemulcht, Erntereste und Blätter verrotten vor Ort. Genauere Details zum Anlegen eines solchen „Flachbeetes" geben wir dir noch im Kapitel „Indianerbeet, Hügelbeet und Co.".

Die Hecke selbst wird im Laufe der Zeit immer intensiver durch Vögel, die dort auch brüten, Igel und Insekten besiedelt. Durch die große Anzahl der Vögel und durch Wildanflug wird die Hecke zum Lebensraum für unterschiedlichste Wildpflanzen. Du kannst vor die Hecke aber auch Wildfruchtgehölze, die die Biodiversität fördern, setzen, wie zum Beispiel: Kornelkirsche, Sanddorn, Schlehe, Aronia, Mispel usw.

Benjeshecke, Wildniskulturspielplatz Übelbach

Jedes Jahr kannst du die Benjeshecke mit dem Baum- und Strauchschnitt deines Gartens auffüllen, da dieser natürliche Zaun sonst durch die Verrottungsprozesse immer niedriger wird. Unter der Hecke entsteht dadurch eine wunderbare humose Erde!

Weidenzäune und -tunnel

Eine von uns sehr geliebte Möglichkeit, die Natur und damit auch Bienen und Insekten in den Garten zu holen, ist das Bauen von **Weidenzäunen und -tunneln**, denn auch ein Weidentunnel, der zum Spielen animiert und der Schatten spendet, kann eine formschöne und naturnahe Einfriedung sein.

Das Bauen mit lebenden Weiden ist faszinierend, fast schon meditativ. Von diesem Material gehen so viel Kraft und Schönheit aus, dass ich noch niemanden erlebt habe, der davon unberührt blieb.

Da die Weide als Rohstoff für das Herstellen von Körben kaum noch Verwendung findet, hat sie leider an Bedeutung verloren. Das ist sehr schade, da die Weide als Frühblüher auch als eine der ersten Futterpflanzen für zahlreiche Insekten, vor allem auch die Honigbiene, dient. Daher hat es sich Johnny zum Auftrag gemacht, so viele Weiden wie möglich und für den Standort sinnvoll in die Wildniskulturgestaltung miteinfließen zu lassen.

Am liebsten verwendet er die **Korbweide** für den Bau von Zäunen und Weidentunneln. Es ist nicht immer einfach, ausreichend Material für die Bauwerke zu bekommen, deshalb bitten wir oft unsere Auftraggeber, ihre Weidenbauten „auswachsen zu lassen", damit für nächste Projekte wieder ausreichend viele und ausreichend lange Weiden nachwachsen können. Ein sogenanntes „Weidensharing" hat begonnen ... und das ist ganz im Sinne der Vernetzung. Wie du einen Weidentunnel baust, erklären wir dir im Kapitel „Weidendom/-iglu und Beeteinfassung".

TIPP! Pflanzzeitpunkt

Es ist wichtig, Weiden zur richtigen Zeit zu pflanzen, das wäre generell in der Vegetationsruhe.

Weidenzaun als nachwachsende Ressource, Wildniskulturspielplatz Übelbach

Weidenzaun – Schritt für Schritt

Schritt 1: Wir schneiden, entlauben und entasten die Ruten.

Schritt 2: Um die Weiden gerade in der Anwuchsphase bestmöglich zu unterstützen, legen wir einen Pflanzgraben von ca. 20 bis 40 cm an, je nach Bodenbeschaffenheit. Je steiniger und trockener die Verhältnisse, desto tiefer stecken wir die Weidenruten, um ihr Anwachsen zu fördern. Die Grasnarbe, das sind die ersten paar Zentimeter des Oberbodens, wird vor dem Ausheben des Grabens vorsichtig stückweise abgehoben und separiert.

Schritt 3: Alle 20 cm wird eine etwa 1,60 cm bis 2 m lange, möglichst gerade Rute mit ca. 1 bis 2 cm Durchmesser schräg, also in eine Richtung stehend (beispielsweise nach rechts) gesteckt. Die Stecktiefe beträgt ungefähr 40 cm. Danach fangen wir am Ende des Zaunes mit dem Setzen der nach links stehenden Weidenruten an. Diese stecken wir in die zweite Reihe, ungefähr 5 bis 10 cm versetzt zur ersten Reihe.

Schritt 4: Nun verflechten wir die Ruten im Rautenmuster und binden die Weiden an den Berührungspunkten mit Naturbast oder Hanfgarn zusammen. Für die Standfestigkeit und die Optik ist es vorteilhaft, wenn wir die Ruten der zweiten Reihe immer abwechselnd nach vor- und zurückflechten (siehe Anleitungsbild).

Schritt 5: Wir können die Ruten nun zum Abschluss oben in Wellen flechten und verbinden oder wir kürzen die Weiden mit einer scharfen Gartenschere und lassen sie auswachsen. Damit hätten wir die Chance, die nachwachsende Ressource „Weide“ zu nutzen.

Schritt 6: Wir schlemmen die Weidenruten ordentlich mit Wasser ein. In den darauffolgenden Tagen müssen die Weiden jeden Tag ordentlich gegossen werden. Damit steigern wir die Anwuchsbereitschaft.

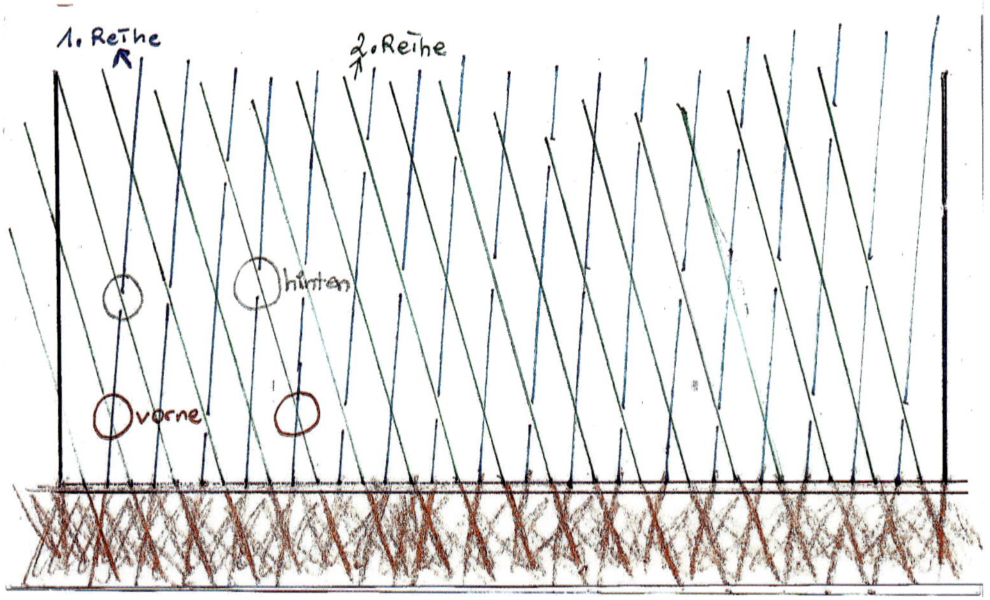

Anleitung: Weidenzaunbau

Schritt 7: Die davor separierte Grasnarbe wird umgedreht, sodass die Grashalme nach unten schauen, und zwischen die Ruten gelegt. Wie auch bei der Benjeshecke legen wir nun ein Beet in Mischkultur an und fassen es mit einer Beeteinfassung ein (siehe Kapitel „Indianerbeet, Hügelbeet und Co.“).

Auch den Weidenzaun fasst Johnny seit einiger Zeit mit einem Flachbeet samt Beeteinfassung mit Steinen oder Holz ein. Das hat mehrere Gründe, aber vor allem eine Sache kommt bei öffentlichen Initiativen wie der „Essbaren, bunten Gemeinde“ immer wieder vor: Oft werden externe Firmen für die „Grünlandpflege“ engagiert. Leider sind diese „Gartenpfleger“ oft genau das Gegenteil. Es passierte, dass beim Mähen wild in die lebenden Weiden geschnitten wurde, sodass diese schwer beschädigt wurden. Das ist sehr schade, denn eine beschädigte Weide hat weniger Chancen gesund anzuwachsen und auch gesund zu bleiben.

Deshalb achte bitte auch schon beim Stecken des Zaunes darauf, die Weiden vorsichtig zu behandeln und mit guten, scharfen Werkzeugen zu arbeiten.

Es ist auch wichtig, vor allem im ersten Jahr darauf zu achten, dass die Weiden ausreichend mit Wasser versorgt sind. Sobald sie gut verwurzelt sind und der Bewuchs in Mischkultur den Boden durchgehend bedeckt und so die Austrocknungsgefahr gesunken ist, steht dem Anwachsen eines stabilen, wachsenden Zaunes nichts mehr im Wege.

Weidenzaun als nachwachsende Ressource, Wildniskulturspielplatz Übelbach

TIPPS! Für ein gutes Gedeihen

- Die beste Chance auf gutes Anwurzeln besteht mit Ruten, die gerade oder vor kurzem geschnitten wurden. Halte sie nach dem Schnitt bitte unbedingt feucht. Du kannst sie in ein Wasserbecken legen oder auch in feuchte Tücher einschlagen.
- Solltest du mit Weidenruten arbeiten, die schon vor längerer Zeit geschnitten wurden und die durch das Liegen im Wasserbad feine Wurzeln bekommen haben, empfiehlt es sich, das Stück mit den vielen feinen Wurzeln vor dem Stecken schräg abzuschneiden. Das sollte deshalb gemacht werden, da diese feinen Wurzeln beim Stecken der Weiden in die Erde leicht abreißen können. Dort wo Wurzeln abgerissen wurden, wachsen aber leider keine mehr.
- Die Weiden wurzeln an den sogenannten schlafenden Augen, daher die Weiden tief genug in die Erde setzen, ca. 40 cm, dickere Ruten noch tiefer.

TERRASSIERUNG UND HANGBEETE

Es ist immer wieder interessant, wenn von Gunst- und Ungunstlagen in der Landwirtschaft und im Gartenbau gesprochen wird. Als Ungunstlagen werden meist steile Hänge beschrieben, da sie kaum Ertrag abwerfen und oft nur durch Tiere, wie Ziegen, Schafe, Kühe und Pferde, beweidet werden. Johnny jedoch liebt Steilhänge. Er ist begeistert von der Möglichkeit, aus diesen „ungünstigen Bedingungen" optimale Bedingungen zu gestalten!

Diese Idee ist nicht neu. Wenn wir in den asiatischen Teil der Welt blicken, fallen uns dort die riesigen Reisterrassen auf, selbst die Urvölker Südamerikas waren für ihre ausgefeilte Terrassenbewirtschaftung berühmt. Auch bei uns im Alpenraum können wir immer wieder von Menschen geschaffene Terrassierungen wahrnehmen.

Das bedeutet also, dass es nur eine Frage der Technik und des Vorstellungsvermögens ist, „Ungunstlagen" zu „Bestlagen" umzufunktionieren ... und anders als unsere Vorfahren haben wir die Möglichkeit, Manpower durch einen kurzfristigen Einsatz von Maschinen zu ersetzen.

Johnny hat die Terrassierung mittlerweile unter anderem zu seinem „Markenzeichen" gemacht und dank unserem wunderbaren Baggerfahrer, der mit viel Gefühl und Können Johnnys Vorstellungen umsetzt, werden

Skizze: Terrassierung mit Holzbrettern

in Gärten und Landwirtschaften **kahle Hänge zu Lebensräumen für Pflanzen und Tiere**.

Anders als bei den Reisterrassenanlagen nutzen wir in der Wildniskultur meist nicht die Terrassenflächen, sondern die **Terrassenböschungen zum Bewirtschaften**.

Die **Terrassierung** von Hängen bietet folgende **Vorteile**:

- Die Erosion wird durch die Terrassierung verringert, dadurch wird wertvolle, humose Erde nicht weggeschwemmt.
- Das für uns so wichtige Wasser bleibt länger auf unserer Fläche, die Austrocknungsgefahr wird dadurch vermindert. Durch die Terrassierung verringert sich auch die Geschwindigkeit, in der nicht zu bewältigende Wassermassen durch intensive Starkregenfälle (die im Übrigen in Zukunft voraussichtlich immer mehr werden) über unsere Hänge schießen. Der Boden hat mehr Zeit „aufzumachen" und dadurch größere Wassermengen in kürzerer Zeit aufzunehmen.
- Generell wird durch Terrassierung meine nutzbare Anbaufläche deutlich vergrößert.
- Durch die Bewirtschaftung der Böschungen kann ich die Terrassenebenen als bequemes Wegesystem für mich und meine Gartengerätschaften nutzen.

Natürlich kannst du dieses System auch umdrehen und statt der Terrassenböschungen die Terrassenebenen bewirtschaften. Hier eignen sich Terrassierungen mit Steinen (Trockensteinmauer) und Holzbrettern oder du greifst auf das Prinzip der „Krainerwand" zurück. Durch diese einfachen Möglichkeiten sorge ich auch zusätzlich für eine Absicherung des Hanges vor Rutschungen.

Am Foto siehst du die Bepflanzung der Böschung des „Wildniskulturspielplatzes in Übelbach", teilweise unter Zuhilfenahme dieser Technik. Hier wurden verschiedenste Wildrosen als „Hagebuttenlieferanten" und zum Anlocken von Vögeln und Insekten gesetzt. Die Krainerwand wurde mit verschiedenen kriechenden, frostfesten Kräutern, Nachtkerzen, Königskerzen und Gemüse besetzt.

Oft befinden sich auf Grundstücken wunderbare Böschungssituationen, deren Kapazitäten und Ressourcen einfach noch nicht erkannt worden sind. Innerhalb von wenigen Tagen verändert sich aufgrund der Terrassierung und des gleichzeitigen Anlegens eines Wegesystems das gesamte Erscheinungsbild. Die Nutzbarkeit des Grundstückes als Relax- und Lebensraum für die Familie und gleichzeitig die Zurverfügungstellung von weiteren „wilden Zonen" für Flora und Fauna sind ein wichtiger Schritt in Richtung „ökologisches Miteinander"!

Die Ausgangslage, ein Privatgarten in Übelbach im Jahr 2015

Terrassierung mit dem Bagger

TIPP Bepflanzung

Die Hälfte der Terrassenebene kann auch mit Kulturpflanzen, wie zum Beispiel Getreide, bewirtschaftet werden. Die andere Hälfte dient als Weg.

Falls du dir noch unsicher bist, schau dir doch ein paar Beispiele an, wie du Terrassierungen umsetzen könntest. „Bilder sagen mehr als Worte", deshalb lassen wir in diesem Kapitel Fotos sprechen. Als Erstes präsentieren wir dir eine Terrassierung in einem Privatgarten. Der kleine Hang, der das Wohnhaus vom übrigen Gartengrundstück trennt, soll renaturiert und zum bunten Mischkulturgarten mit Kräutern und Gemüse werden. Schau selbst, ob dies gelungen ist:

Schaffung des Wegesystems und der Relaxterrasse

Einbauen von großen Steinen als Wärme- und Feuchtigkeitsregulatoren

Anlegen eines Hochbeets aus altem, unbehandeltem Bauholz

Bepflanzung und Ausbringen einer Mischsaat

Die Wildniskulturanlage im Jahr 2019

Projekt WIKI Kindergarten

Besonders gerne erzählen wir über die verschiedenen Initiativen von Kinderbetreuungseinrichtungen, die sich mit naturnahem Lebensmittelanbau und dem Erlernen von gärtnerischen Fähigkeiten im frühen Kindesalter auseinandersetzen. Wir wollen dir daher über die Entstehung der Kräuter- und Gemüseanlage des WIKI Kindergartens Babenbergerstraße, Graz, erzählen – wieder mit einer kleinen Bildgeschichte.

Mit der WIKI Kinderbetreuungs GmbH arbeiten wir für die Initiative „KLIMA-FIT – Das Essbare, bunte Kinderzimmer" schon seit 2015 in mehreren Grazer Kinderkrippen und Kindergärten zusammen. Im Laufe der Zeit entstand ein **auf vier Säulen aufgebautes Konzept**:

- Das Anlegen eines Wildniskulturgartens
- Mit Kindern gärtnern
- Fortbildung für Pädagogen und Pädagoginnen
- Fachliche und praktische Begleitung

Einer der ersten Kindergärten, die wir begleiten durften, war der **interkulturelle WIKI Kindergarten** in der Babenbergerstraße in der steirischen Landeshauptstadt **Graz**. Gemeinsam entstand dort ein Außenspielbereich, der den Kindern die Möglichkeit bietet, mitten in der Stadt, im Bahnhofsviertel, Natur zu erleben und mit allen Sinnen zu begreifen. Nun entstand im Zuge dieses Konzeptes vor Kurzem auch eine Kräuter- und Gemüseanlage, die den bisher ungenützten Steilhang der Kinderbetreuungseinrichtung zum wertvollen Lebensraum für die Kinder, aber auch für viele Pflanzen und Insekten macht ... Ganz nebenbei ist durch die Schaffung eines essbaren Gartens auch eine Wildbienen-, Schmetterlings- und Insektenoase entstanden.

Besonders schön war es auch, dass uns Teilnehmer des Wildniskultur-Intensivkurses im Rahmen ihrer Ausbildung zum Wildniskulturpraktiker beim Bau des Spaliergerüstes für Kiwis, Weintrauben, Himbeeren und Brombeeren behilflich waren.

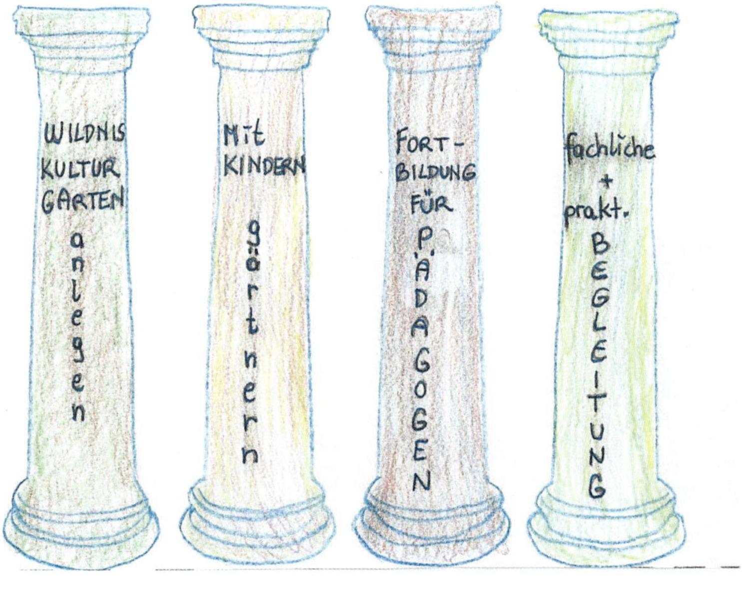

Die vier Säulen von KLIMA FIT – Das essbare, bunte Klassenzimmer/Kinderzimmer

Der Steilhang im Garten des WIKI Kindergartens vor der Terrassierung

Beginn der Umgestaltung

Die Terrassierung ist im vollen Gange.

Gemeinsames Bepflanzen und Einsäen der Terrassenböschung

Erde für mediterrane Kräuter wird mit Sand und Schotter magerer gemacht.

Untersaat mit wenig trockener Erde vermischen

Die Untersaat in großen Bewegungen auswerfen

Einrechen der Untersaat

Größeres Saatgut wie Bohnen, Kapuzinerkresse wird gesteckt.

Mulchen mit Grasschnitt

Die neu angelegte Terrassenböschung im WIKI Kindergarten

Die neu angelegte Kräuteranlage

Mittlerweile arbeiten unsere Söhne Lion Felix und Jakob schon aktiv bei Renaturierungsinitiativen mit. Unser ältester Sohn Kilian macht das auf seine ganz besondere Art und Weise natürlich auch: Er verkostet alles, was aus den jeweiligen Gärten kommt, hilft mit beim Veredeln von frisch geernteten Lebensmitteln, packt mit an, sofern es sein Allgemeinzustand zulässt und ist der weltbeste Kritiker der gekochten Leckereien.

Ab und zu arbeiten die Jungs, so glaube ich, einfach uns zuliebe. Die meiste Zeit jedoch verstehen sie die Arbeit im Garten auf der einen Seite als Körperertüchtigung, auf der anderen Seite jedoch auch als wichtigen persönlichen Klimarettungsbeitrag.

Ich finde es erstaunlich und es stimmt mich unglaublich hoffnungsvoll, wenn mein 15-jähriger Sohn meint: „Weißt du, Mama, ich finde ja diese „Fridays for Future“-Bewegung ganz gut ... aber demonstrieren gehe ich nicht.“ Auf meine Frage, warum er das denn nicht wolle, antwortete er: „Ich gehe da nicht hin, weil ich stattdessen wirklich etwas verändern möchte. Während andere demonstrieren und davon reden, den Klimawandel endlich ernst zu nehmen, trage ich aktiv etwas zur Klimaanpassung bei. Ich helfe dem Papa bei den Projekten, helfe zu Hause im Garten und begleite euch bei den Projekten mit Kindern. Dann habe ich das Gefühl wirklich etwas beizutragen.“ Es ist sicher verständlich, dass ich bei solchen Aussagen strahle, oder?

Johnny und ich finden es unglaublich wichtig, dass Kinder und Jugendliche ständigen Zugang zu Naturgärten haben. Wildniskulturgärten in Schulen, Kindergärten und Kinderkrippen sowie im öffentlichen Raum sollten „Normalzustand“ sein. Wir brauchen eine neue, ressourcenorientierte Art des Gärtnerns. Denn wir dürfen immer daran denken, dass die menschliche Arbeitsleistung ebenfalls zu den Ressourcen gehört ... und in einer Welt, in der die Familien kaum noch zu Hause sind, immer weniger Gärten wirklich essbar genutzt werden und unsere Kinder schon sehr früh außerfamiliär betreut werden, dürfen wir uns an ein anderes, uns besser angepasstes, „faules“ Gärtnern gewöhnen. Wir haben die Aufgabe, durch permanenten Humusaufbau (Flächenkompostierung), durch die Bepflanzung in absoluter Mischkultur und durch die Schaffung von natürlichen Wasser- und Feuchtigkeitskreisläufen Biodiversität aufzubauen, Bodenerosionen zu vermindern und alle natürlichen Ressourcen nicht nur zu schonen, sondern auch wieder aufzubauen!

VS Thal bei Graz

Fest entschlossen etwas am bisherigen Status quo in der Schullandschaft zu verändern, starteten wir parallel zu den „Essbaren, bunten Kinderzimmern“ die Initiative „KLIMA-FIT – das Essbare, bunte Klassenzimmer“. Die Kinderschule TAPTANA in Leoben/Steiermark war die erste Schule, die mit uns gemeinsam das Konzept zur Gänze umsetzte. Dafür gewannen wir den „Energy Globe Styria Award 2018“. Das gab uns als Familie natürlich einen enormen positiven Aufwind! Die Öffentlichkeit wurde auf uns aufmerksam und weitere Initiativen folgten.

In diesem Buch möchten wir dir vom Projekt „KLIMA-FIT – das Essbare, bunte Klassenzimmer“ der Volksschule Thal bei Graz erzählen, das gerade, während ich hier am Laptop sitze, in seiner Umsetzung zum Wildniskultur-Schul-Garten fertiggestellt wird. Deshalb kannst du hier noch keine Bilder finden, die die volle Bepflanzung zeigen ... Macht aber nichts: Du kannst dir das sicherlich gut vorstellen, und wenn das nicht reicht, findest du am Ende des Buches eine Liste mit all den beschriebenen Projekten und auch die jeweiligen Adressen und zuständigen Ansprechpartner, um dir vor Ort selbst ein Bild zu machen.

Die Umgestaltung des Außengeländes der VS Thal passt auch deshalb so perfekt in dieses Kapitel, da gerade dort die Hangsituation extrem war: wenig Platz, ultrasteil, aufgeschüttetes Material. Die gesamte VS Thal wurde 2019 um- und neugebaut und „KLIMA-FIT – das Essbare, bunte Klassenzimmer“ war Teil des Konzeptes. Das Beispiel der Wildniskulturanlage der Volksschule, die auch den Bürgern der Marktgemeinde Thal als Teil der „Essbaren, bunten Gemeinde Thal“ zur Verfügung stehen wird, zeigt auch, wie sich die Vorstellungen eines Projektes im Laufe der Gestaltung und Planung verändern können. Vom ersten Gespräch und der ersten Begehung bis hin zur endgültigen Umsetzung vergingen eineinhalb Jahre.

Auf der Skizze zur Initiative siehst du noch ein Biotop, dass leider in der jetzigen Umsetzung keinen Platz gefunden hat, da das Grundstück, auf dem es sich befunden hätte, nun doch nicht für die Umgestaltung zum Wildniskulturgarten zur Verfügung stand. Auch die Bepflanzung der Dachterrasse sowie die Wegführung der Terrassierung haben sich anders gestaltet als ursprünglich geplant.

Wir wollen dir einfach in Bildern zeigen, was sich im Außenbereich der VS Thal und in der Entwicklung zum Projekt „KLIMA-FIT – Essbares, buntes Klassenzimmer“ alles so getan hat:

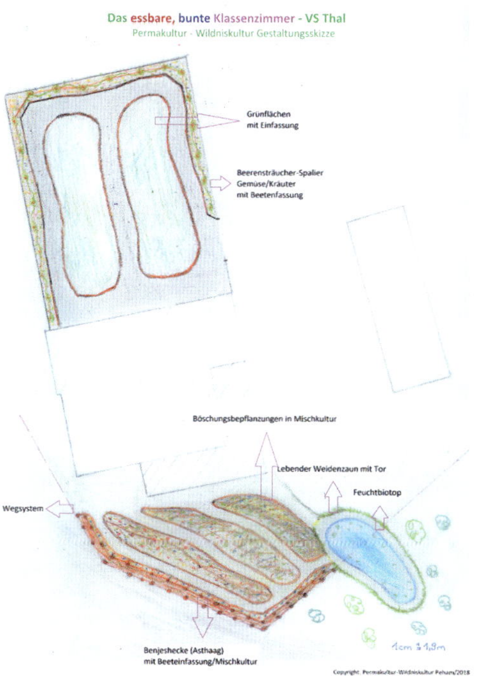

Gestaltungsskizze, VS Thal

Frisch aufgeschütteter Steilhang der VS Thal bei Graz vor Beginn der Terrassierung

Die Terrassierung beginnt ...

Die entstandenen Wege und Böschungen werden mit Akazienrundstämmen eingefasst.

Anlegen einer Absicherung der Einfassung

Durch Verzögerungen in der Umsetzung (Regenfälle, Bauverzögerungen ...) wurde der Hang zur Oase für die Quecke, die händisch entfernt werden musste.

Die Terrassenböschungen wurden Stück für Stück eingefasst, dadurch entstand das vorher überlegte Wegesystem, dass ausreichend Platz bietet ...

Die Böschungen wurden humusiert.

Der obere fertige Abschnitt des Hanges wurde eingesät, bepflanzt und mit Stroh gemulcht.

Während der obere Teil schon anwachsen kann, wird der untere Abschnitt fertiggestellt.

Durch die extreme Steilheit und das lockere Material empfiehlt es sich, Äste zu integrieren, um das Abtragen von Samen und loser Erde zu verhindern.

Die Wege werden mit Hackschnitzeln gefüllt, die Böschungen werden in Mischkultur eingesät.

Akaziensteher bilden das Fundament für das Ranksystem für Brombeere, Wein, Himbeere und Co.

(Oben links) Rohzustand der Dachterrasse nach dem Auffüllen mit Pflanzgranulat

(Oben rechts) Frisch bepflanzte Beete mit bunter Mischkultureinsaat als Untersaat

(Links) Eines der Randbeete auf der Dachterrasse nach der Bepflanzung mit Kräutern, Erdbeeren ...

(Unten) Dasselbe Beet nach etwas mehr als einem Monat und mit fertigem Ranksystem

Die Dachterrasse wurde von einem Experten für die Bepflanzung von Dachterrassen (Granulat-System) gemeinsam mit den Architekten für die Bepflanzung in Wildniskultur vorbereitet. Die zunächst angedachte Idee, zwei Grünzonen und eine durchgehende Randbepflanzung durchzuführen, wurde verworfen. So entstanden eine große Wiesenfläche und eine unterbrochene Beeteinfassung am Rande der Terrasse.

Auf der Dachterrasse sowie am terrassierten Hang findest du alles Essbare und Bodenaufbauende ... was das Herz begehrt. Mediterrane Kräuter, Küchenkräuter, Beerensträucher (Jostabeere, Himbeere, Brombeere ...), Obst wie die Felsenbirne sowie Erdbeeren, Tomaten, Physalis, Paprika, Kürbisse, Zucchini wurden gesetzt. Unterstützt werden diese Pflanzen durch eine Mischsaat aus Radieschen, Pflücksalaten, Rüben, Sellerie, Senf, Ringelblumen, Mohn und anderen mehr.

Eine große Chance sehen wir darin, mit verschiedenen Unternehmen zusammenzuarbeiten, die mit uns gemeinsam zeigen wollen, dass firmeneigene, brachliegende Grundstücke und Flächen ökologisch, nachhaltig bewirtschaftet werden können.

Wildniskultur in die Wirtschaft

Mir ist es besonders wichtig, dass nicht nur die „eingeschworene“ bunte Gruppe von Menschen, die sich schon lange um den Erhalt und die Errichtung von Naturoasen bemüht, untereinander kommuniziert und an unseren Naturinitiativen beteiligt ist. Ich wünsche mir einen Schulterschluss mit „der Wirtschaft“, mit Menschen in wichtigen Positionen in Firmen, die etwas zum Positiven verändern wollen, die bereit sind, nicht nur zu nehmen, sondern auch zu geben!

Daher möchte ich dir die Unternehmensgruppe Zuser in Peggau/Steiermark vorstellen. Der „Garten für ALLE“ in Peggau ist dir, als aufmerksamer Leser oder als aufmerksame Leserin, sicherlich in diesem Buch schon ab und zu untergekommen. Nun stellt diese Firma nicht nur diesen, von Johnny in Wildniskultur gestalteten Garten der Bevöl-

Skizze: Erdwall, Zuser Ressourcenmanagement, Peggau

kerung und den Mitarbeitern zur Verfügung. Die Firma Zuser hat sich auch überlegt, ob sie sich nicht mit den auch bei anderen Firmen üblichen Erdwällen, die das Firmengelände von Autobahnen und Landstraßen abgrenzen, auseinandersetzen sollte. So entstand die Idee, aus eben diesen meist nur lieblos mit Grassamen eingesäten riesigen Flächen einen Lebensraum für ALLE zu erschaffen.

Die Erdwälle wurden terrassiert, mit Blühwiesensamen eingesät und mit einer Vielzahl an Obstbäumen sowie verschiedenen Stauden und Sträuchern bepflanzt. Eine bunte Mischung aus Obstgehölzen, Beerensträuchern und Weiden sowie eine Dauerblühwiese sorgen in Zukunft für Artenvielfalt und für den Schutz von Bienen und Insekten.

In der Bepflanzung des terrassierten und somit wasserspeichernden Geländes wird große Rücksicht darauf genommen, dass bis in den Herbst hinein möglichst viele Vögel und Insekten Nahrung finden. Blühsträucher, Kräuter und Blumen blühen von Februar bis Oktober. Weiden, Felsenbirne, Kornelkirsche, Vogelbeere und andere Frühblüher sorgen schon im zeitigen Frühling dafür, dass Wildbienen und Co. ausreichend Nahrung finden. Die Blüten, wie zum Beispiel die des Holunders, der Maulbeere, der Zwetschge und des Apfelbaumes, stellen im späteren Frühjahr die Ernährung verschiedener Bienen- und Insektenarten sicher. Den Sommer über erfreuen uns die Blüten der Rosen, Mispeln und vieler Heilkräuter. Im Herbst finden wir die des Sieben-Söhne-des-Himmels-Strauches.

Vögel und kleine Säugetiere werden durch die üppige Bepflanzung und die daraus entstehenden Früchte zum Bleiben eingeladen. Somit entsteht ein natürlicher Kreislauf: Insekten und Bienen bestäuben unsere Pflanzen, die Pflanzen bilden dadurch Früchte, die wiederum von Vögeln und Kleintieren gefressen werden. Durch diese verbreiten sich wieder die Samen der Pflanzen und der Kreislauf beginnt von vorne.

Einfach genial – genial einfach ... und für Unternehmen eine große Chance, der Natur und damit unserer Erde nachhaltig zu helfen! Wir hoffen, dass dieses Vorbild der Initiative „Insekten- und Klimaschutz“ gaaaanz vielen Unternehmern gefällt und sie die Idee „**W**ildnis**k**ultur in die **W**irtschaft“ umsetzen möchten!

KLIMA-FIT-TIPP von Johnny

Pflanzliste für einen Blütensegen quer durchs Jahr
Eberesche, Speierling, Weichsel, Hauszwetschke, Felsenbirne, Kornelkirsche, Schwarzer Holunder, *Rosa vosagiaca* (Wildrose), Jostabeere, Schwarze Apfelbeere, Marille (Aprikose), Williamsbirne, Kronprinz-Rudolf-Apfel, Trauerweide, *Heptacodium* (Sieben-Söhne-des-Himmels-Strauch), Drachenweide, dazu viele verschiedene Kräuter, Blumen, verschiedene Kleesamen ...

Die Initiative „Wildniskultur in die Wirtschaft“ mit der Wildniskulturgestaltung des Erdwalles in Peggau ist noch recht jung, daher gibt es noch keine Bilder vom „Vollbewuchs“. Du kannst dich aber gerne selbst von dieser Initiative überzeugen. Komm doch einfach mal vorbei. Die Infos dazu findest du am Ende des Buches!

Terrassierung des Erdwalls

Begehung des Erdwalls und Ideenfindung

Stecken von Weidenruten für den Weidentunnel am höchsten Punkt des Erdwalles

Einsäen der Fläche mit Wildblumensamen

Ich könnte dir noch viele weitere Beispiele für gelungene Terrassierungen im privaten und öffentlichen Raum vorstellen … dafür haben wir hier nicht ausreichend Platz! Aber wie schon erwähnt, kannst du gerne mit einer Gruppe von Interessierten mit Johnny und mir gemeinsam eine Expedition durch interessante Initiativen im steirischen Raum machen.

Wie ein einfaches Terrassenbeet entstehen kann, wollen dir Lion und Jakob zeigen. Diese Bilder entstanden, als die beiden das erste Mal, fast ganz im Alleingang, ein solches Beet angelegt haben. Damals waren sie sieben Jahre (Jakob) und achteinhalb Jahre (Lion) alt:

(Oben links) Jakob und Lion legen die Terrassenbeete an und setzen die Steinstufen.

(Oben rechts) Lion sichert die Beeteinfassung.

(Links) Lion sät die Beete mit einer Mischsaat ein.

(Unten links) Jakob beim Mulchen

(Unten rechts) Lion im Glück: Das Experiment Terrassenbeete gelingt!

INDIANERBEET, HÜGELBEET UND CO.

Gemeinsam mit dir wollen wir uns Folgendes genauer ansehen:

- Das Hügelbeet
- Das Indianerbeet
- Das Hochbeet
- Den Kräuter- und Gemüsehügel

Zu allen Vorschlägen gibt es etwas zu sagen: Bitte blättere zu den „KLIMA-FIT-Grundsätzen der Wildniskultur zurück" und lasse sie auf dich wirken, BEVOR du anfängst, Elemente in deinem Garten aneinanderzureihen und auszusuchen!

KLIMA-FIT-TIPP von Johnny

Achte auf die Ressourcen deines Grundstückes, denke über den Tellerrand und finde den Mehrwert in allem, was du tust. Achte darauf, dass du nicht nur deshalb ein Gestaltungselement in Erwägung ziehst, weil es dir gefällt ... es darf mehr können, als nur schön fürs Auge sein!

Das Hügelbeet

Eines unserer absoluten Favoriten unter den vielen Möglichkeiten der Gestaltung ist das Hügelbeet. Einfach deshalb, weil im Zuge der Umgestaltungen zur Wildniskulturlandschaft viele Materialien anfallen, die gut genutzt wieder in den natürlichen Gartenkreislauf zurückgeführt werden.

Bei der Modellierung deines Grundstückes fallen höchstwahrscheinlich ein paar **Bäume**, die schon alt sind und keine Früchte mehr tragen. Die sind perfekt für die unterste Schicht deines Hügelbeetes. Auch **Laub und Astwerk** stehen schnell mal zur Verfügung. Interessanter wird es schon bei gut **abgelagertem, altem Mist** (am besten vom Pferd; Kuhmist tut's aber auch) oder guter **Gartenerde**. Da lohnt es sich schon mal im Vorfeld die Fühler auszustrecken, um für den Start (nur für den Start, denn danach sollte in einem Kreislaufgarten möglichst nichts mehr zugeführt oder abtransportiert werden) genug Materialien zu haben.

Ein Hügelbeet ist im optimalen Fall an die **1,5 m hoch** ... kleiner wird es durch den Zersetzungsprozess von allein. Kleine Hügelbeete sind eigentlich nur die Vorstufe zum Flachbeet. Sie bieten einfach auf längere Zeit gesehen nicht ausreichend Speicherkapazität für Feuchtigkeit und Wärme und geben dir kaum ein Mehr an Anbaufläche.

Dieses Hügelbeet entstand im Zuge eines Workshops.

Das Beet solltest du in **Nord-Süd-Richtung** anlegen, da die Pflanzen auf diese Art optimal zur Sonne ausgerichtet sind. Johnny baut Hügelbeete, wann immer es möglich ist, überdimensional **groß und lang**. Es verläuft, wenn möglich, auch nicht gerade (dann hat es oft die Wirkung eines Grabhügels für Riesen), sondern in **Mäanderform**, so wie es halt auch in der Natur ist: Gerade Linien und Symmetrie wirst du hier nämlich kaum finden.

Ein **ausreichend großes Hügelbeet** bietet dir folgende **Vorteile**:

- Erhöhte Speicherung von Feuchtigkeit und Wärme
- Langsame und langfristige Verrottungsprozesse durch die Masse des Hügelbeetes und durch Flächenkompostierung des organischen Materials vor Ort
- Je größer, desto besser: Denn dann sorgen mehr Mikroorganismen und Würmer für ein optimales Ökosystem, wodurch die Humusproduktion steigt und damit auch die CO_2-Bindung.
- Die Anbaufläche wird vergrößert.

Bitte achte auch hier darauf, welche Grundbedingungen auf deinem Grundstück vorherrschen: Lebst du in einer niederschlagsreichen oder -armen Gegend? Bläst der Wind bei dir sehr stark (höhere Austrocknungsgefahr) oder eher nicht?

Ist Ersteres der Fall und dein Grundstück liegt in einer niederschlagsreichen und eher nicht so windigen Gegend, dann kannst du das Hügelbeet, so wie auf der Skizze beschrieben, bauen.

Einfach die Grasnarbe abziehen und 20 bis 30 cm in die Tiefe graben. Danach kannst du mit dem Aufbau beginnen.

Liegt dein Grundstück aber in einer niederschlagsarmen und/oder sehr windigen Gegend, empfiehlt es sich, so weit als möglich in die Tiefe zu graben und dann erst mit dem Aufbau zu beginnen. Dieses Hügelbeet wird dann natürlich nicht so hoch, es ragt vielleicht nur 1 m über den Boden hinaus, aber du schaffst die optimalen Bedingungen für einen ausgewogenen Feuchtigkeitshaushalt!

Die sich in der Tiefe befindlichen Materialien können sich bei Niederschlag gut mit Wasser ansaugen und es auch länger speichern. Durch die geringere Höhe ist das Beet nicht so windexponiert, was wiederum vor zu extremer Austrocknung schützt.

Kleine Hügelbeete legen wir mit Hilfe von Manpower an ... größere mit Hilfe eines Baggers. Wenn du keinen Bagger verwenden möchtest, empfehlen wir dir beim Verdichten des Hügelbeetes nach jeder Materialschichtung oft und lang, am besten mit Familie, Freunden usw., darauf herumzuhüpfen, dadurch werden die Zwischen- und Hohlräume kleiner.

Bitte achte darauf, keine austreibenden Äste und Zweige, wie zum Beispiel von Weiden, und keine Nadelgehölze oder Nadeln von Bäumen zu verwenden (Übersäuerung des Bodens).

Hügelbeet – Schritt für Schritt

Auf der Skizze haben wir dir den Aufbau eines Hügelbeetes grob beschrieben:
Schritt 1: Entferne die Grasnarbe (die oberste Bodenschicht, die sich durch Verwachsungen gebildet hat) und separiere sie. Du brauchst sie später noch.
Schritt 2: Nun schichtest du zuerst ganze Baumstämme, Astwerk und eine Strauchschicht ein.

Skizze: Hügelbeet

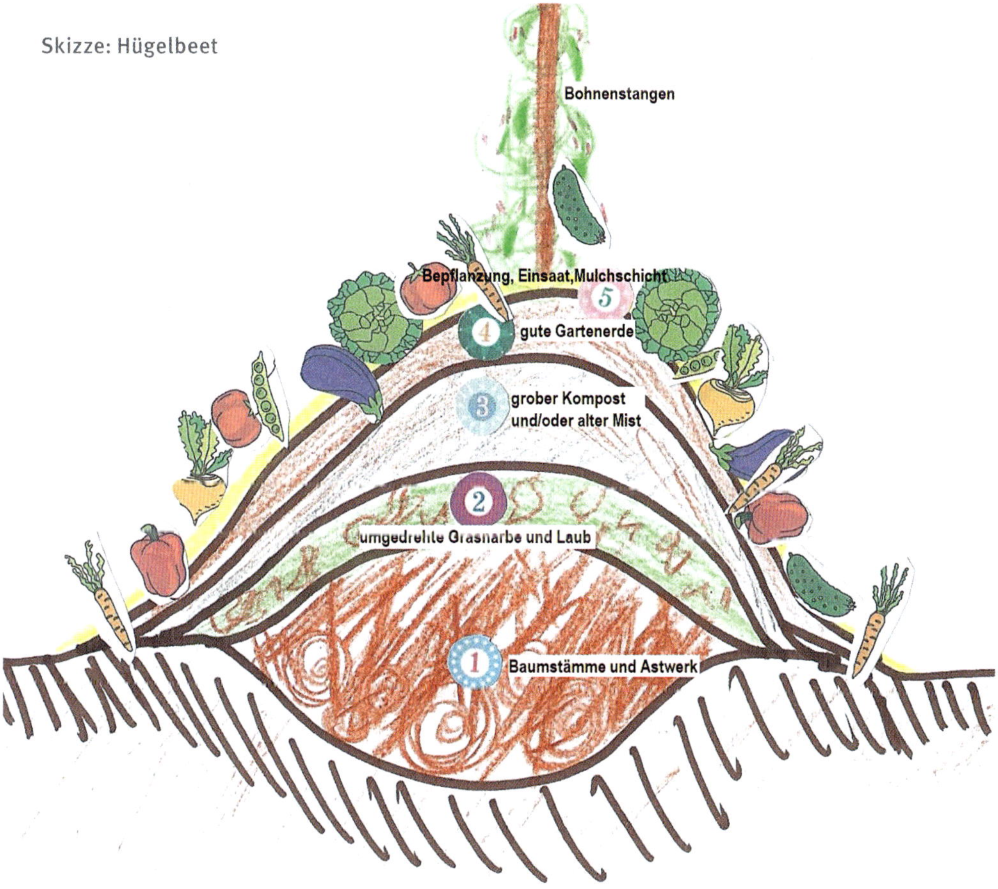

Jetzt kannst du die Hohlräume mit der UMGEDREHTEN Grasnarbe (das verhindert das neuerliche Austreiben) und Laub befüllen.

Schritt 3: Es hat sich gezeigt, dass es gut ist, die Hohlräume durch Schütteln und Rütteln (bei großen mit der Baggerschaufel, bei kleinen durch Springen und Tanzen auf dem Beet) zu verdichten.

Schritt 4: Nun kommt eine dicke Schicht grober Kompost und/oder alter, gut abgelagerter Mist über das Beet.

Schritt 5: Die nächste Schicht besteht aus guter Gartenerde.

Schritt: 6: Nun wird eingesät bzw. gesteckt.

Schritt 7: Anschließend mulchst du dein Beet. Am besten nimmst du dafür Stroh, das du zur Sicherheit vorher kurz in Wasser tauchst, damit es nicht beim ersten Windstoß weggeblasen wird. Heu geht natürlich auch, doch die Gefahr besteht, dass du dadurch viele „wilde“ Samen in dein Beet einbringst. Wenn du eine Rasenfläche hast, eignet sich dünn aufgebrachter Rasenschnitt, der eventuell schon ein bis zwei Tage alt ist, ebenfalls zum Mulchen.

TIPPS! Rund ums Hügelbeet

- Sichere mit langen Ästen und Holznägeln (siehe Skizze) das Beet bzw. die Erde auf dem Beet vor dem Abrutschen ab: Das hat sich bestimmt schon 1.000-mal bewährt. Zum Schluss kannst du dein Hügelbeet kunterbunt einsäen, mit allem, was du magst. Davor setzt du aber bitte noch deine Jungpflanzen.
- **Gieße deine Jungpflanzen ordentlich ein.** Damit das besser funktioniert, setzt du sie so tief wie möglich in die Erde, sodass um die frisch gesetzte Pflanze eine Mulde entsteht, in der sich auch Regenwasser länger hält! Nun kommt die **Schluck-Schluck-Gießtechnik** zum Einsatz! An diese hältst du dich optimalerweise schon beim Vorziehen deiner Pflanzen! Gieße dazu immer nur so viel Wasser in die Mulde, dass es in der Mulde langsam und gut versickern kann und nicht wegrinnt, dann warte, bis das Wasser absolut von der Erde aufgesaugt wurde, und gieße auf die gleiche Art erneut. Bitte wiederhole den Vorgang ca. drei bis vier Mal. Gieße deine Topfpflanzen auf diese Arte nur alle drei bis vier Tage (je nach Größe des Topfes und der Temperatur). Da der Erdkörper durch die Schluck-Schluck-Technik gut durchtränkt ist, bildet die Pflanze ausreichend Wurzelwerk aus. Durch das seltene Gießen gehen die Wurzeln der Pflanze zudem so weit wie möglich nach unten, die Pflanze wird stark und sucht sich auch nach dem Aussetzen ins Freibeet ihren Weg bis ganz nach unten, um ausreichend mit Wasser versorgt zu werden.
- Unsere Pflanzen (vor allem die selbst vorgezogenen) gießen wir nach dem Einsetzen, außer direkt beim Setzen, praktisch nicht mehr. Gegossen wird nur im äußersten Notfall, bei Bedarf, wenn es zum Beispiel schon einige Zeit nicht geregnet hat und/oder wir sehr hohe Temperaturen haben. Gegossen wird dann ebenfalls in der Schluck-Schluck-Technik.
- **Das ausgebrachte Saatgut gießt du bitte NICHT.** Verlass dich darauf, die Samen wissen selbst, wann sie keimen sollen.
- Bitte bringe **Rasenschnitt immer nur sehr dünn** auf. Dicker Rasenschnitt hemmt zwar den Bewuchs mit Beikräutern, lässt aber sonst auch nichts mehr am Leben.

TIPP! Videoanleitung

Auf YouTube findest du unter folgendem Link eine Anleitung von Johnny zum Hügelbeetbau (hier mit Hilfe eines Baggers): https://youtu.be/DE9AbS4gvl8

Natürlich kannst du ein Hügelbeet auch ohne Baggerhilfe bauen. Da wir empfehlen, dass das Hügelbeet überdimensional sein soll, raten wir dir in diesem Fall, viele Freunde und Interessierte zur Mithilfe einzuladen. Wir haben auch schon oft Hügelbeete für Kunden im Zuge eines Perma-/Wildniskultur-Workshops gebaut. Das macht vor allem deshalb Sinn, da sich durch das gemeinsame Tun der Wissenstransfer schnell und effektiv vollzieht.

Ein paar Impressionen von unterschiedlichen Hügelbeeten, gebaut mit und ohne Bagger:

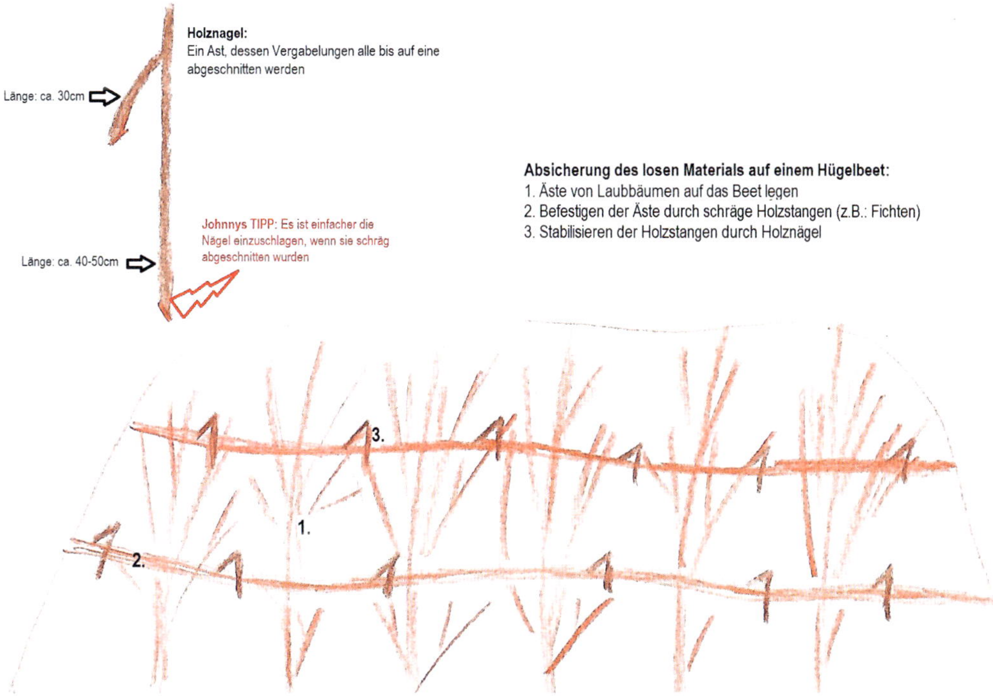

Absicherung des Hügelbeets mit Hilfe von Ästen bzw. Holznägeln

Johnny beim Neueinfassen eines Hügelbeets am Wildniskulturspielplatz in Übelbach (sechs Jahre alt, daher schon abgesunken)

Ein vier Monate altes Hügelbeet am Flaschbacherhof

Unser handgebautes Hügelbeet im alten Zuhause in Neuhof, entstanden bei einem Workshop

Lion hilft beim händischen Aufbauen eines Hügelbeets.

Das Reaktivieren eines Gartens

Hier bei uns am Flaschbacherhof lag der eingezäunte Hausgarten mehr als fünf Jahre brach. Sicherlich ist er von seiner Grundform her nicht das, was wir uns hier an diesem Ort in Zukunft vorstellen, aber er ist nun mal da. Also machen wir was draus!

Der Hof und die angrenzenden Flächen werden von Johnny, nach Rücksprache mit dem Verpächter, in den nächsten Jahren zu einer Wildniskulturanlage gestaltet werden, die wir sicher mit Stolz und Freude anhand von Führungen und Praxisworkshops bei uns am Hof der Öffentlichkeit präsentieren werden. Doch das ist noch ein klein wenig Zukunftsmusik … und das Träumen und Planen allein ist uns, wie du schon bemerkt hast, einfach zu wenig!

Daher begann Johnny im Frühjahr 2019 mit der Adaptierung und Aktivierung der Hofstatt und natürlich auch des brachliegenden Gartens. Da Johnny gerade zwischen April und September Hauptsaison hat, kommt er zu Hause wenig dazu, regelmäßig im Garten zu arbeiten. Deshalb wurde das zufällig und aufgrund von logischen Handlungsabläufen entstandene Mini-Hügelbeet erst recht spät eingesät …

Die Fläche des Flaschbacher Hausgartens vor der Reaktivierung

Stück für Stück wurde die Grasnarbe abgetragen und der Boden aufgelockert. Hier hilft uns unsere Praktikantin Tanja.

Für diverse Beete und Topfbepflanzungen benötigten wir immer wieder Erde aus dem Garten.

Im Laufe der Zeit entstand so ein Graben, der nun zum kleinen Hügelbeet wird. Die Ränder des Gartens werden zu Beeten mit Beeteinfassungen.

Das Mini-Hügelbeet wurde mit angefallenem Astschnitt, der Grasnarbe, Mist und Gartenerde aufgebaut.

Gemeinsam mit Praktikant Moritz wurde das Beet eingesät und anschließend gemulcht.

Der reaktivierte Garten nach fünf Monaten

Das Indianerbeet

Auf den Bildern im Kapitel „Das Reaktivieren eines Gartens" kannst du, wenn du genau schaust, Mais, Bohnen und Kürbispflanzen miteinander wachsen sehen. Diese Anbauart in Mischkultur wird „Die drei Schwestern" oder MILPA-Kultur genannt.

Ich bin ganz verliebt in diese Methode des „Miteinander-Wachsens". Erstens verbirgt sich eine wunderschöne indianische Legende dahinter, zweitens fasziniert mich, wie alt diese Anbautechnik schon ist und wie klug die Menschen eigentlich sein können. Drittens finde ich es genial, dass diese alte, auf einem anderen Kontinent (Zentralamerika) entstandene Mischkulturform auch bei uns verstärkt Anwendung findet. Und viertens ist dieser optimale Austausch von Nährstoffen unter den Pflanzen sehr gut zu erkennen. Jeder, der einmal ein solches Beet angelegt hat, auch wenn er davor noch nie etwas mit Mischkultur zu tun hatte, ist danach überzeugt davon ... einfach faszinierend!

Ich möchte dir die Geschichte der drei Schwestern kurz erzählen und verwende dafür unsere mitteleuropäische Erzählweise:

Es lebten einmal vor langer, langer Zeit drei Schwestern. Sie waren ganz unterschiedlich in Art und Aussehen, teilten sich aber miteinander ein Feld. Die drei Schwestern, so unterschiedlich sie auch sein mochten, liebten sich sehr. Sie hielten fest zusammen und sie hielten sich aneinander fest.

Die größte der Schwestern stand gerade am Feld, sie hatte wallende, blonde Haare, einen grünen Schal und war die Stütze für die kleinste der drei Schwestern. Die kleinste war ganz grün und konnte als Baby noch nicht allein stehen. Da half ihr die große Schwester, denn die Kleine durfte sich an ihr festhalten und an ihr wachsen. Die mittlere Schwester war ein rechter Wirbelwind. Überall streckte sie ihre Fühler aus, sie kletterte, lief und war unglaublich neugierig. Die drei Schwestern blieben immer zusammen, so konnten sie groß und stark werden, jede auf ihre Art und Weise.

Eines Tages spazierte ein Bub durch das Feld der drei Schwestern. Er hatte eine besondere Fähigkeit, die vor allem die kleinste Schwester sehr begeisterte: Der Junge konnte mit Tieren sprechen. Verzückt hörte die Kleine ihm zu. Die Nacht kam und die Schwestern schliefen ein. Am nächsten Morgen fehlte die kleinste. Die mittlere Schwester streckte sich in alle Richtungen, um die Kleine zu finden ... doch sie fand sie nicht. Die Schwestern waren sehr traurig über den Verlust der jüngsten.

Nach einiger Zeit kam der Bub wieder auf das Feld. Er betrachtete die zwei schönen Schwestern sehr genau und ging wieder weg. Die mittlere Schwester war neugierig und lief dem Buben hinterher ... sie kam nie wieder zum Feld zurück. Da stand die große Schwester nun ganz alleine auf dem Feld und grämte sich so sehr, dass ihr grüner Schal blass und ihre wunderschönen Haare ganz dünn und braun wurden. Sie weinte ohne Unterlass.

Nach ein paar Wochen besuchte der Junge das Feld wieder. Er hörte das Weinen der dritten Schwester, nahm sie in den Arm und brachte sie zu sich nach Hause. Und stell dir vor, im Haus des Buben traf die dritte Schwester ihre geliebten Schwestern wieder! Diese waren dem Jungen nach Hause gefolgt und es gefiel ihnen sehr gut dort. Der Junge tat den Schwestern sehr leid, denn er war sehr arm und hatte kaum etwas zu essen. Aber er war freundlich und lieb. So blieb auch die Älteste und beschloss dem Buben zu helfen. Die kleine Schwester half dem Jungen und füllte den Kochtopf, die Mittlere versprach dem Jungen ihn zu sättigen, wenn er wieder Hunger haben sollte, und die Älteste bot dem Buben an, ihre Körner zu trocknen und sie als Mehl zu vermahlen. Der Junge jedoch behielt sich ein Körnchen von jeder der schönen Schwestern. Im Frühjahr ging er aufs Feld und steckte die Stückchen in die Erde. Nach einiger Zeit fingen die Schwestern an, dort aufzuerstehen und zu wachsen. Sie wurden stark und schützten sich wieder gegenseitig ... und so begann der Kreislauf jedes Jahr immer wieder von vorne.

Diese Legende erzählten sich die unterschiedlichen indigenen Völker auf verschiedene Art und Weise. Die Schwestern, die darin vorkommen, sind aber immer dieselben:

- Die Älteste ist der Mais.
- Die Mittlere ist der Kürbis.
- Die Jüngste ist die Bohne.

Das gemeinsame Setzen dieser drei Pflanzen ist ein sehr altes Anbausystem, welches von den Mayas in Zentralamerika entwickelt wurde und sich im Laufe der Zeit bis nach Nordamerika ausbreitete. Es wird als „Indianerbeet" bezeichnet.

Das Indianerbeet mit Mais, Bohne, Kürbis und einer Einsaat in Mischkultur – Johnny und ich lassen in die Bepflanzung unserer Beete die Wildnis einfließen.

Es gibt unterschiedlichste Möglichkeiten, ein Indianerbeet anzulegen – ganz nach deinem Geschmack und deiner Experimentierfreudigkeit. Du findest mittlerweile auch sehr gute Literatur zum Thema (siehe Anhang).

Vor allem nach dem Säen des Saatgutes ist die Erde offen und dem natürlichen Samenflug und der Austrocknung ausgesetzt. Daher wird der Boden gemulcht. Ein „Zuviel" an Beikräutern wird so verhindert und dem Austrocknen wird vorgebeugt. Wie immer werden die Samen nach der Einsaat NICHT gegossen ... Sie wissen schon selbst, wann sie keimen sollten.

Vor dem Mulchen jedoch wird wieder eine kunterbunte Mischsaat, bestehend aus Pflücksalaten, Kraut, Karotten, Radieschen und ähnlichen Gemüsen ausgebracht. So wird die gesamte Fläche schnell und dauerhaft mit Pflanzen abgedeckt – sie „macht zu". Durch das „Zumachen" und den permanenten Bewuchs halten wir die Feuchtigkeit länger im Boden. Durch die vielen Wurzelkanäle, die durch die intensive Bepflanzung entstehen, kann Regen außerdem leichter eindringen und vor allem in tiefere Erdschichten kommen. Das ist vor allem für die Zukunft wichtig. Denn Starkregenfälle werden immer häufiger vorkommen. Wenn die Erde, aufgrund zu geringer Pflanzendichte, nicht durchlässig genug ist, fließt das Wasser oberflächlich ab; es kann nicht tiefer dringen, wird also vom Boden auch nicht gespeichert. So passiert es, dass trotz ergiebiger Regenfälle die Erde austrocknet. Dazu kommt auch, dass die dünne Humusschicht durch die Wassermassen weggespült wird.

KLIMA-FIT-TIPP von Johnny

Achte immer darauf, dass die Erde permanent bewachsen wird. Tiefwurzler, Flachwurzler ... alles soll sich in deinem Garten befinden!

Sicher ist dir aufgefallen, dass sich unsere Bohnen nicht nur am Mais festhalten können. Wir stellen ihnen auch Bohnenstangen (Fichten) zur Verfügung. Nicht weil wir nicht überzeugt wären, dass der Mais die Bohnen nicht tragen könnte, sondern deshalb, weil wir bei jeder neuen Beetanlage automatisch Bohnenstecken inkludieren. Wir lieben nun mal Bohnen. Sie sind Leguminosen und bringen mittels Knöllchenbakterien an den Wurzeln Stickstoff ein.

Das Indianerbeet im Riesenhochbeet, zusätzlich bepflanzt mit Tomaten, Gurken, sibirischem Kohl und anderen Gemüsen

Auf dem Bild kannst du Indianerbeete mit folgenden Hauptpflanzen erkennen: Alter roter Hausmais (Hartmais), steirische Käferbohne und unterschiedliche Kürbis- und Gurkengewächse. Die Gurke haben wir erstmals zu den Schwestern gesetzt … es hat wunderbar funktioniert!

WILDNISKULTUR-TIPP von Johnny

Wenn du deinen Mais als Saatgut zur Vermehrung verwenden möchtest, achte bitte darauf, dass du nur EINE Maissorte verwendest! Der Mais kann sich über eine große Distanz verkreuzen.

Indianerbeet – Schritt für Schritt

Wir wollen dir hier ein wenig über das Indianerbeet im Verlauf des Gartenjahres erzählen:

Schritt 1: Im Mai (nach dem letzten Frost!) legst du den Mais. Du kannst ihn auch, wenn du möchtest, als Jungpflanze vorziehen. (Wir machen das nicht so gerne, da wir in einem doch eher rauen Klima zu Hause sind und die Erfahrung gemacht haben, dass sich der Mais, wenn er als Samen in den Boden gelegt wird, besser an unsere Verhältnisse anpassen kann.) Mulche den Boden ganz leicht.

Schritt 2: Zirka zwei Wochen später legst du deine Bohnen. (Wir haben auch schon Mais und Bohnen gemeinsam gelegt und es hat großartig funktioniert. Es kommt immer darauf an, wann die letzten Frostnächte waren, wie viel es regnet und wie die Temperatur ist.) Nun säst du am besten die Mischsaat, wie schon oben beschrieben, und mulchst noch einmal.

Schritt 3: Wieder zwei Wochen später legst du deinen Kürbissamen oder du setzt eine Kürbispflanze.

Schritt 4: Ungefähr im August erfolgt die erste Ernte bei deinem Mais. Er sollte jetzt milchreif, also optimal zum Braten sein.

Schritt 5: Im September und Oktober werden Mais und Bohnen trocken geerntet. Auch die Bohnen sollten in ihren Hülsen rascheln, erst dann sind sie ausreichend getrocknet. Den Mais hängen wir nach der Ernte zum Nachtrocknen auf. Die Bohnen werden noch zum Nachtrocknen an einem warmen, trockenen Ort auf ein sauberes Tuch gelegt.

Schritt 6: Wenn du möchtest, lässt du die Kürbisse bis zu den ersten frostigen Nächten im Beet, danach sollten sie aber unbedingt eingelagert werden.

Lege immer eine ungerade Zahl Bohnen, beginnend ab sieben Stück ... Weshalb, möchtest du wissen? Bei uns in der Gegend wird erzählt, dass es wichtig ist, sich an diese Regel zu halten, da die Bohnenernte sonst sehr gering ausfällt, also machen wir das so.

Radieschenschoten

TIPP! Eingießen

Jungpflanzen werden bitte immer eingegossen (wie schon beschrieben), und zwar einmal! Samen werden NIE eingegossen.

Das Indianerbeet pflegt sich ganz alleine. Ab und zu kannst du gerne Beikräuter, wenn sie zu üppig werden, regulieren (jäten). Die meisten eignen sich vorzüglich für frische Salate, als Pesto oder auch als Vitamin- und Mineralstofflieferanten im Smoothie. Radieschen und Pflücksalate wollen auch beerntet werden. Die zarten Bohnenranken freuen sich am Anfang, wenn du sie um den Mais wickelst.

HINWEIS! Drehrichtung

Bohnen sich „Rechtsdreher“, das heißt, in ihrem Wuchs orientieren sie sich immer so, dass sie sich rechtsdrehend um den Mais oder die Bohnenstange wickeln.

Besonders große Früchte und Salate eignen sich gut zur Saatgutvermehrung. Johnny lässt diese Früchte (zum Beispiel Radieschen) stehen, steckt einen beschrifteten Stecken dazu, bindet sie an diesen an und wartet, bis die Pflanzen Samenhülsen machen und diese trocken sind (sie müssen beim Ernten rascheln!). Danach werden die getrockneten Schoten geerntet und im Haus noch einmal zum Trocknen aufgehängt. Das Öffnen der trockenen Samenhülsen, um zu unserem kostbaren Saatgut zu kommen, erfolgt dann im Laufe des Winters.

TIPP! Bohnenkäfer

Johnny gibt die trockenen Bohnen in große Schraubgläser und friert sie für ca. eine Woche ein. Wir haben nämlich schon unliebsame Wintergäste in unseren Bohnengläsern gehabt ... Diese haben im Laufe der Zeit alle Bohnen im Glas aufgefressen und uns blieb nur noch Bohnenstaub. Gemeint ist der Bohnenkäfer. Durch das Einfrieren stirbt der eventuell vorhandene „Mitfresser“. Die Bohnen können nach der Einfrierwoche im Glas bleiben und halten sich noch laaaange! Beim Einweichen der Bohnen vor dem Verkochen steigen die Bohnen, in denen der Käfer gewohnt hat, nach oben auf und du kannst sie entfernen.

Wie schon öfter erwähnt, gibt es bei Johnny kein „Winterfestmachen“, daher verbleibt alles Verdorrte einfach im Beet, verrottet dort langsam und bietet dem wichtigen Kleingetier den notwendigen Winterunterschlupf. Erst im Frühjahr, beim Aktivieren des Beetes, werden alle Pflanzenreste kleingeschnitten und als natürlicher Bodenkompost in die Beete eingearbeitet.

Das Hochbeet

Ich liebe Hochbeete, bin aber, das gebe ich zu, kein Fan der „Hochbeetkultur". So bezeichne ich mittlerweile das Emporschießen von unzähligen Hochbeeten in Gärten und im öffentlichen Raum. Denn **erstens**, oft werden einige Hochbeete nebeneinandergestellt. Uns stellt sich dann die Frage, warum denn diese große Fläche mit Holzkästen vollgestellt werden muss, die alle extra intensiv betreut und vor allem regelmäßig gegossen werden müssen. Keiner dieser Kästen bietet ausreichend Platz für ein ausgewogenes Mikroklima im Boden.

WILDNISKULTUR-Lösungsvorschlag:
Baue dein Hochbeet überdimensional, so groß wie möglich! Dadurch gibst du der Natur eine wirkliche Chance, sich voll zu entfalten und das zu tun, was sie am besten kann: einen Kreislauf zu bilden!

In einem überdimensionalen Hochbeet brauchst du nicht bis fast gar nicht gießen (wenn du die anderen KLIMA-FIT – Grundsätze der WILDNISKULTUR einigermaßen befolgst). Du wirst staunen, wie selbstständig sich dein Beet entwickelt und wie viele Mikroorganismen, Insekten und Würmer dich beim Gärtnern unterstützen werden.

Es gibt sicher Gelegenheiten, wo ein kleines Hochbeet Sinn macht: Wenn zum Beispiel mitten in der Stadt eine kleine Oase für Insekten entstehen soll und wenn aufgrund der Betonwüste nichts anderes möglich ist, als ein Mini-Hochbeet hinzustellen. Ansonsten, glaube ich, dass wir uns sicher auch anders behelfen können. Du findest hier in diesem Buch sicher viele Anregungen dazu.

Zweitens empfehlen vor allem gekaufte Bausätze, aber auch die meisten Anleitungen zum Bau von Hochbeeten eine **Plastik- oder Noppenfolie** einzubauen. Angeblich verrottet dann das Holz deines Hochbeetes weniger schnell und auch Schnecken sollen dadurch daran gehindert werden, in dein Beet zu kommen.

Unserer Erfahrung nach stimmt beides nicht oder nur zum Teil. Johnny und ich finden es sehr schade, dass wir mit dem Prinzip des Naturgärtnerns Beete gestalten und diese dann erst wieder mit Plastik auskleistern.

Das Hochbeet am Flaschbacherhof im Entstehen

Dasselbe Hochbeet drei Monate später

Abgesehen davon, dass sich das Plastik nach und nach, zwar sehr langsam, aber doch, zersetzt und so als Mikroplastik wieder in unsere Nahrungskette kommt, haben wir auch die Erfahrung gemacht, dass das Holzgerüst des Hochbeetes nicht wirklich länger hält, nur weil du Plastik integriert hast. Der Einsatz von Noppenfolie macht nur dann Sinn, wenn du, wie zum Beispiel bei uns am Flaschbacherhof, das Hochbeet als Wärmefalle nutzt und direkt an die Hauswand baust. Um die Substanz der Mauer zu schonen, wird dann entlang der Mauer eine Noppenfolie in der Höhe deines Hochbeetes gezogen. Bei allen anderen Hochbeeten, die Johnny bis jetzt empfohlen oder selbst gebaut hat, wird auf den Einsatz von Plastik absolut verzichtet!

WILDNISKULTUR-Lösungsvorschlag:
Das Verwenden von gutem Ausgangsmaterial verhindert ein schnelles Zersetzen deines Hochbeet-Korpus. Johnny verwendet gerne Berglärchen. Berglärchen deshalb, weil diese aufgrund der hochgelegenen Gebiete, von denen sie stammen, sehr langsam gewachsen sind. Dadurch sind sie widerstandsfähiger und verwittern äußerst langsam. Eine weitere Möglichkeit zum ökologischen Hochbeetbau bietet unbehandeltes, altes Dachstuhlholz.

TIPP! Videoanleitung

Hier ist der Link zu einem Kurzfilm über den Bau eines Recycling-Hochbeetes aus altem Dachstuhlholz im Garten für ALLE/Peggau:
https://youtu.be/GIkKd6pjJrA?list=PLQ7t65-GhrwKs-wHNNsdbmInlOjAAnYGEp

Drittens: die **Befüllung**. Bitte denke daran, dass gekaufte Hochbeeterde teuer ist und, unserer Meinung nach, auch vollkommen am Thema vorbeigeht! Denn: Ein Hochbeet sollte Humus produzieren! Das geschieht durch langsame Verrottungsprozesse.

Ein Recycling-Hochbeet aus unbehandeltem, altem Dachstuhlholz, Garten für ALLE, Peggau

WILDNISKULTUR-Lösungsvorschlag:
Das Hochbeet wird prinzipiell so befüllt, wie wir es schon beim Hügelbeetbau beschrieben haben. Verarbeite möglichst alles an organischem Material, das du auf deinem Grundstück zur Verfügung hast. Astwerk und Ähnliches bekommst du eventuell vom Nachbarn oder du fragst auf deinem Gemeindeamt nach, wenn gerade die Bäume und Sträucher in deinem Ort beschnitten werden. Die humose Erde kannst du eventuell aus fertigkompostierten Hügel- oder Hochbeeten nehmen. Bei Neuanlagen bleibt es eventuell nicht aus, dass du sie dir bringen lässt. Hier gilt dann: Je näher, desto besser.

Viertens sehen wir bei unseren WILDNISKULTURINITIATIVEN mit Kindern und Jugendlichen immer wieder Hochbeete, die fast ausschließlich mit Erdbeeren und ein paar Kräutern **bepflanzt** sind. Das finden wir deshalb ein wenig schade, da die wirkliche Ressource eines Hochbeetes nämlich aus inhaltsvoller, fetter Erde besteht und Erdbeeren so gut wie überall wachsen. Auch die meisten unserer mediterranen Küchenkräuter brauchen keine fette Erde.

WILDNISKULTUR-Lösungsvorschlag:
Dein Hoch- und Hügelbeet möchte unbedingt mit unterschiedlichsten Pflanzen besetzt werden. Gemüsepflanzen werden in drei Kategorien eingeteilt:

- Starkzehrer
- Mittelzehrer
- Schwachzehrer

Eine gesunde Mischung dieser Pflanzen steht sicherlich im Mittelpunkt. Im ersten Jahr kannst du gerne den Starkzehrern den Vortritt lassen.

Da wir jedes Jahr ein wenig alten, gut abgelagerten Pferde- oder Kuhmist einarbeiten, haben wir eigentlich nie das Problem, zu wenige Nährstoffe im Boden zu haben. Bohnenstecken und damit natürlich auch Bohnen selbst sind bei uns immer wichtig. Ansonsten probieren wir immer wieder mal was Neues aus: neues Saatgut, andere Pflanzen ... Seit diesem Jahr experimentieren wir zum Beispiel mit Süßkartoffeln, Erdmandeln und Erdkastanien im Hochbeet, dazu wachsen verschiedene Salate, Sonnenblumen, Ringelblumen, sibirischer Kohl, Andenbeeren, Gurken, Petersilie, Schnittlauch, Mais, Pfefferoni, Tomaten ... kurz: ein buntes Durcheinander der Vielfalt.

Es ist aber, denke ich, doch hilfreich, wenn du einige der Pflanzen aus den drei Kategorien kennst:

- Zu den **Starkzehrern** zählen zum Beispiel alle Kohlarten, aber auch Artischocken, Gurken, Kürbis, Zucchini, Melonen, Lauch, Erdäpfel (Kartoffeln), Mais, Sellerie, Tomaten ...
- Zu den **Mittelzehrern** zählen wir zum Beispiel Fenchel, Kohlrabi, Karotten, Radieschen, Paprika, Rote Rüben, Pflücksalate, Spinat, Stangenbohnen, Knoblauch, Spinat ...
- **Schwachzehrer** sind unter anderem Buschbohnen, Feldsalat, Sonnenblumen, die meisten Kräuter (vor allem mediterrane).

WILDNISKULTUR-TIPP von Johnny

Johnny magert in Hochbeeten die Erde ab, wenn dort auch mediterrane Kräuter gesetzt werden sollen. Dies macht er mit Sand und feinem Kies. Die Kräuter danken es ihm, denn sie können ihre ätherischen Öle vollkommen ausbilden. Sie wachsen zwar nicht so üppig, der Geschmack ist aber umso intensiver.

KLIMA-FIT-TIPP von Johnny

Um ständig Nährstoffe einzubringen und gleichzeitig zu mulchen, wenden wir auch hier die Flächenkompostierung an: Wenn du zum Beispiel Kopfsalat erntest, schneide bitte den Salat ganz unten ab. Die Wurzeln lässt du in der Erde. Sie verrotten dort langsam und bieten dem Regen die notwendigen Wurzelkanäle, damit er tiefer eindringen kann. Wir lassen auch immer alle Blätter, die schon ein wenig welk sind, vor Ort auf dem Boden liegen ... die Regenwürmer freuen sich.

Exkurs: die Spanische Wegschnecke

Gegen eine Überhandnahme der Spanischen Wegschnecke (rote Nacktschnecke) helfen auf Dauer eigentlich nur unsere tierischen Helfer:

- Nutztiere: Enten, Hühner
- Amphibien und Reptilien: Kröten (insbesondere Erdkröten), Frösche, Molche, Blindschleichen, Eidechsen, Salamander, Schlangen
- Säugetiere: Spitzmaus, Igel, Maulwurf
- Vögel: vor allem Amsel, Rabe, Krähe, Elster und Storch
- Insekten: Aaskäfer, Laufkäfer, Moderkäfer, Leuchtkäfer (Glühwürmchen), Weberknechte, Tausendfüßler
- Schnegelarten (wie zum Beispiel der Tigerschnegel) oder Weinbergschnecken helfen ebenfalls mit, die Nacktschneckenpopulation einzudämmen.

Du siehst also, durch das Gärtnern in Wildniskultur und das dadurch bedingte Anlegen von Flächen, die der Artenvielfalt dienen, dämmst du automatisch die Überhandnahme der Spanischen Wegschnecke ein ... da braucht es kein Plastik in deinen Beeten!

Tigerschnegel

TIPPS! Schneckenfrei werden

Folgende Punkte helfen dir, möglichst schneckenfrei zu bleiben oder zu werden:

- Das Anbieten einer großen Menge einheimischer Gehölze und Pflanzen,
- das „wilde Gärtnern" in Vielfalt und Fülle,
- das Anlegen von Wasserretentionsräumen,
- der Einsatz von Totholz und Steinen,
- das Liegenlassen von organischem Material,
- das Setzen von blühenden Hecken,
- das Bauen von Benjeshecken sowie
- das Unterlassen des „Winterfestmachens" (das heißt das Stehenlassen von allem Abgestorbenen über den Winter).

Der Kräuter- und Gemüsehügel

Aus der Kräuterspirale in der Permakultur wird in der Wildniskultur ein verspielter Kräuter- und Gemüsehügel. Auch hier steht die Biodiversität wieder im Vordergrund ... und natürlich die EINFACHHEIT! Je einfacher du es dir als Gärtner machst, desto mehr Freude hast du an deinem Garten. Er lässt dir dann einfach mehr Zeit zum Beobachten, Träumen und, wenn du willst und es zulässt, auch zum Lernen ...

In seinem Permakultur-Minimundus, das er damals in Oberösterreich erschuf, plante Johnny einen kleinen Kräuterhügel ein. Aber Johnny wäre nicht Johnny, wenn er nicht sofort Gemüse dazwischen gepflanzt hätte. „In der Natur wächst ja auch nichts absolut separiert, warum dann in meinem Garten?“, so meinte er. Und sieh selbst, dieser Mini-Hügel war ein Gedicht für Bienen, Schmetterlinge und andere fliegende Insekten – und natürlich ein Augen- und Gaumenschmaus für uns.

In den nächsten Jahren hatte Johnny immer wieder Gelegenheiten, diese bunte Vielfalt mit anderen zu teilen. Hier ein paar Impressionen von verschiedenen Hügeln:

Ein Kräuter- und Gemüsehügel aus der Vogelperspektive. Die kleinen Gemüsepflänzchen kommen gerade aus der Mulchschicht heraus.

Begehbarer Kräuter- und Gemüsehügel, Generationenpark Peggau

Spielhügel mit Kräutern und Gemüse, WIKI Kinderkrippe Tannhof, Graz

Ein Kräuter- und Gemüsehügel, KDG St. Marein im Mürztal

Ein kleiner Kräuter- und Gemüsehügel, KDG St. Marein. Während des Baus des großen Hügels fielen einige Materialien an, die hier verarbeitet wurden.

Kräuter- und Gemüsehügel – Schritt für Schritt

Um das Anlegen eines Kräuter- und Gemüsehügels zu erklären, haben wir gemeinsam mit dem Pädagogenteam des Kindergartens St. Marein im Mürztal eine Fotoreihe erstellt. Die Bilder entstanden im Zuge der Initiative „Netzwerk – Gesunder Kindergarten“ in Zusammenarbeit mit der Gebietskrankenkasse und der Non-Profit-Organisation Styria Vitalis. Wir möchten uns auch sehr herzlich bei der Unterstützung durch die Kinder, Eltern und Pädagoginnen und Pädagogen des Kindergartens St. Marein sowie für die Mithilfe der Marktgemeinde St. Marein im Mürztal und unserer tollen Praktikanten Tanja Reitbauer und Georg Grassegger bedanken.

Solltest du in deinem Garten oder auf deinem Grundstück aus irgendeinem Grund schon irgendwo einen Erdhügel haben, dann nimm doch den ganz einfach als Grundlage für dein Kräuter- und Gemüseparadies.

Die Gemeinde St. Marein im steirischen Mürztal half kräftig mit, um den Hügel für die Kinder entstehen zu lassen.

Gemeinsam mit unserem Praktikanten Georg und Eltern werden große, runde Steine in den Hügel eingearbeitet.

Die Erde wird mit feinem Schotter und Sand stellenweise abgemagert.

Humuserde wird aufgebracht und fein auf der Fläche verteilt.

(Oben links) Die Beeteinfassung, das Bohnen- und Pflanzgerüst entstehen ... und nochmals wird die Erde abgemagert.

(Oben rechts) Kindergartenleiterin Elke Pernhofer mischt mit Johnny die Saatgutmischung.

(Links) Gemeinsam mit den Pädagoginnen und Pädagogen wird ausgesät.

(Unten) Jungpflanzen setzen und dünn mit Grasschnitt mulchen und – fertig.

ÖKOLOGISCHE BAUMSCHEIBENBEPFLANZUNG MIT BEETEINFASSUNG

Das Geheimnis des „wilden Gärtnerns“ liegt sicher auch darin, dass sich die Art und Weise, wie du deine Umgebung siehst, verändern wird. Je mehr du dich darauf einlässt, dass die Natur uns die Vorgaben gibt und nicht wir als Menschen permanent am Tun und Machen sein müssen, desto mehr Möglichkeiten wirst du erkennen, deine Umgebung aktiv ökologisch zu gestalten.

Als unsere Kinder noch klein waren, haben wir viele Spaziergänge mit ihnen unternommen. Besonders lustig waren diese, wenn Johnny aus seiner Jackentasche dann verschiedene getrocknete Samen hervorgezaubert hat. Meist waren dies Sonnenblumen-, Ringelblumen-, Radieschen- oder Rübensamen. Diese steckte er dann mit den Kindern an Wegrändern und unter Bäumen in die Erde, damit auch dort möglichst viele Blühpflanzen wachsen und somit eine größere Biodiversität für unsere Insekten und Bienen zur Verfügung steht.

Durch diese einfache Handlung wurden wir, Eltern wie Kinder, aufmerksamere Beobachter unserer Umgebung. Uns fielen die Unterschiede im Bewuchs und der Gestaltung von Wegrändern und unter Bäumen immer mehr auf. Vor allem im innerstädtischen und innerdörflichen Bereich sahen wir Handlungsbedarf. Denn dort verschwindet das Bunte und Grüne immer mehr und macht kargen Betonwüsten Platz. Leider trifft das auch und vor allem auf Hausgärten und Vorgärten zu. Die Bewohner sind meist den ganzen Tag außer Haus und wollen einen unaufwendigen und „gepflegten“ Garten, der auch den Nachbarn gefällt.

Wir sehen diese Entwicklungen und machen uns automatisch große Sorgen. Denn gerade im stadt- und dorfplanerischen Bereich und in Privatgärten sehen wir die große Chance, wirklich aktiv Umwelt- und Klimaschutz zu betreiben. Jede „wilde Ecke“ ist eine Chance auf mehr Vielfalt und damit auch eine Chance auf ein wirkliches positives, nachhaltiges Umdenken. Denn nur wenn ich WILDNIS direkt und ständig vor mir habe, habe ich als Mensch die Chance, sie als die Schönheit und Bereicherung zu erkennen, die sie ist.

Wir sind als Menschheit anscheinend einfach so gepolt: Alles, was ich ständig sehe, finde ich schön und möchte ich haben. Das ist in der Mode so und es verhält sich mit unserer Landschafts- und Gartengestaltung nicht anders.

Wir wollen dir eine Möglichkeit des Wildniskultur-Gärtnerns vorstellen, die auch Personen, die sich für das „wilde Durcheinander“ noch nicht so recht begeistern können, jederzeit ausprobieren können: **die ökologische Baumscheibenbepflanzung**. Sozusagen als eine Art ökologischen Kompromiss mit Ausbaukapazitäten.

Was sind Baumscheiben?

Als Baumscheibe bezeichnet man den **Boden rund um den Stamm des Baumes**. Entsprechende Förderpflanzen unterstützen den Baum. Alle Bäume, vor allem aber Obstbäume, lieben die Symbiose mit anderen Pflanzen – kein Baum steht gerne in einer ständig gemähten Wiese (Grasmonokultur). Schutz benötigen unsere Bäume an Wegen und Straßen besonders vor parkenden Autos. Aber auch im Privatgarten oder in Parks ist es äußerst sinnvoll, Baumscheiben zu bepflanzen.

Die nachhaltige Bepflanzung mit Mehrwert für unser Ökosystem sehen Johnny und ich als große Chance, ein größeres und tieferes Bewusstsein für unsere Umgebung zu schaffen.

FAUSTREGEL! Größe der Baumscheibe

Für jede Baumscheibe gilt: Je größer, desto besser! Sie sollte im Durchmesser mindestens 2 m oder mehr betragen.

Das Anlegen einer Baumscheibe ist relativ wenig Aufwand: Die Baumscheibe wird in Kreisform um den Baum gestaltet. Im Hausgarten genügt eine **einfache Beeteinfassung aus großen Steinen oder robustem Rundholz**. Im öffentlichen Bereich empfehlen wir als Schutz vor Hunden einen einfachen Zaun.

In Parks und im privaten Bereich empfehlen wir das **Einfassen der Baumscheibe** aus folgenden Gründen:

- Als Schutz der feinen Baumwurzeln und der Bepflanzung vor Rasenmähern
- Durch das Einfassen der Baumscheibe kann ich eine größere Menge an humoser Erde aufbringen und so ein schnelleres Anwachsen der Einsaat fördern.
- Durch die optische Trennung der „Wildnis“ von der „Kulturlandschaft“ ist die bepflanzte Baumscheibe ein Eyecatcher und sticht ins Auge. Die Menschen beschäftigen sich, unserer Erfahrung nach, dann intensiver mit dem Leben auf der Baumscheibe.

Baumscheiben – Schritt für Schritt

Wir beschreiben dir gerne das Anlegen einer ökologisch bepflanzten Baumscheibe Schritt für Schritt. In unserem Fall erzählen wir dir, wie du vorgehen kannst, wenn du gerade einen (Obst-)Baum gesetzt hast:

Schritt 1: Zuerst zeichnest du den Kreis um den Baum an. Dies machst du am besten zu zweit mit einem Meterstab.

Schritt 2: Nun stichst du die Grasnarbe in Blöcken mit einem Spaten aus und separierst die Grasnarbenblöcke außerhalb der angezeichneten Form.

Schritt 3: Um ein möglichst gutes Anwurzeln zu erlauben, lockerst du nun die Erde vorsichtig auf.

Schritt 4: Nun fasst du deine Baumscheibe bzw. dein Beet ein. Johnny verwendet hierfür Akazien- bzw. Lärchenrundstämme oder große Steine. Je nachdem, was dir zur Verfügung steht und wie lange die Einfassung halten soll, kannst du deine Wahl treffen.

Schritt 5: Die Grasnarbenblöcke kannst du nun umgedreht, mit dem Gras nach unten, wieder ausbringen. Durch das Umdrehen verhinderst du das Weiterwachsen des Grases.

Schritt 6: Jetzt kannst du die umgedrehten Grasnarbenblöcke mit guter Erde (Gartenerde, Humuserde ... je nachdem, was dir zur Verfügung steht) bis zum oberen Ende deiner Begrenzung aufschütten.

Schritt 7: Jetzt kannst du dein Saatgut mischen. Um eine möglichst große Vielfalt zu säen, empfehlen wir eine gesunde Mischung aus verschiedensten Kräutern, Blumen und Gemüsen. Diese Samen mischst du am besten in einer Schüssel mit etwas Sand und/oder Erde. Damit fällt das Säen leichter. Die Samen landen dann nicht alle auf einem Platz.

Schritt 8: Nun setzt du verschiedene Blumenzwiebeln (im Herbst) und Jungpflanzen.

Frisch gepflanzter Kirschbaum mit Baumscheibenbepflanzung in Wildniskultur, Wildniskulturspielplatz Übelbach

Eine gesunde, nachhaltig bepflanzte Baumscheibe, die den optimalen Platz für Biene, Schmetterling und Co. darstellt und gleichzeitig deinen (Obst-)Baum fördert, könnte so aussehen bzw. folgende **Pflanzen** enthalten:

- Beinwell (fördert das Wachstum des Baumes)
- Kamille gegen Fadenwürmer
- Kapuzinerkresse und Ringelblumen helfen gegen Blutläuse und Apfelblattsauger.
- Knoblauch und Schnittlauch gegen den Schorf
- Knoblauch gegen die Narren- oder Taschenkrankheit an Steinobst
- Knoblauch zusammen mit Kapuzinerkresse gegen die Kräuselkrankheit des Pfirsichs
- Löwenzahn gegen Blattchlorose von Apfel und Birne
- Maiglöckchen gegen Monilia der Kirschen
- Roter Fingerhut gegen Gummifluss
- Tomaten und Brennnesseln auf Baumscheiben gegen Ameisen, Blattläuse und andere Schadinsekten
- Zitronenmelisse und Pfefferminze zur Stärkung der Gesundheit des Baumes und der Beipflanzen
- Steinklee und andere Leguminosen zum Durchlüften des Bodens und als Stickstoffeinbringer
- Pflücksalate, Radieschen, Kren, Rüben und Co. ergänzen unsere Baumscheibe optimal und erfreuen den Gaumen.

Vor allem junge und frischgesetzte Bäume ziehen mit ihren zarten Wurzeln Wühlmäuse an. Diese fressen die feinen Ausläufer und der Baum hat keine Chance gut anzuwurzeln. Auch hier bietet die Natur einiges an Pflanzen auf, die die Wühlmäuse von unseren Bäumchen fernhalten:

- Narzissen
- Kaiserkronen
- Steinklee
- Tagetes
- Lilien
- Knoblauch
- Königskerzen
- Lauch
- Basilikum
- Ysop
- Thymian
- Minzen

Je größer die Vielfalt der Bepflanzung, desto stärker fördern wir das „Ökosystem Baum"! Diese Blühwiese brauchst du nur einmal jährlich, nämlich im Frühjahr, zu mähen.

Ich hoffe, wir können dich für die Idee der Baumscheibenbepflanzung in Wildniskultur begeistern ... für diese Naturgärten vor der „Haustüre“. Sie geben uns die Möglichkeit, natürliche Vorgänge „im Vorbeigehen“ auf uns wirken zu lassen, geben uns Raum zum Beobachten und der Forschergeist von Alt und Jung wird wieder geweckt!

Ich glaube, dass die „ökologische Baumscheibenbegrünung“ ein praktisches, leicht anzuwendendes Mittel ist, um Bienen und Co. neue Lebensräume zu erschließen. Neben der Verschönerung der Umgebung kann eine gut ausgeführte Begrünung der Baumscheibe auf vielfache Weise zu einer Standortverbesserung für den Baum führen, zum Beispiel durch zunehmende Wasseranreicherung und Bodendurchlüftung. Begrünungen vermindern auch die Gefahr der Bodenverdichtung durch Betreten oder Befahren der Baumscheibe. Die Baumscheibenbepflanzung dient übrigens auch als Klimaanpassungsmaßnahme der WHO.

Baumscheibenbepflanzung rund um einen alten Baum in Wildniskultur, Generationenpark Peggau

WEIDENDOM/-IGLU MIT BEETEINFASSUNG UND ÖKOLOGISCHER BEPFLANZUNG IN MISCHKULTUR

Meiner Vorliebe zum nachwachsenden Rohstoff Weide habe ich schon im Abschnitt „Einfriedungen und Zäune naturnah gestalten“ Ausdruck verliehen. Über die Weide gibt es aber natürlich noch viel mehr zu sagen. Gott sei Dank gibt es mittlerweile wieder einiges an guter Literatur, die sich ausführlich mit dieser fabelhaft vielseitigen Pflanze auseinandersetzt.

Johnny setzt sich besonders mit den gestalterischen Möglichkeiten, die sich mit diesem herrlichen Baustoff umsetzen lassen, auseinander. Weidenbauten werden immer beliebter. Das hat sicher mehrere Gründe: Die Weide kann zum Beispiel entweder als wachsendes, lebendes Bauwerk verflochten oder aber ihre trockenen Ruten können für Bauwerke verwendet werden. Da du uns nun schon ein wenig näher kennst, darfst du raten, zu welcher Verwendungsart Johnny am ehesten greift? Ja, richtig, natürlich zur wachsenden und lebenden Form!

In Laufe der Jahre hat sich der Bau von Weideniglus bis 3 m Durchmesser und Weidendomen ab 4 m Durchmesser immer mehr zu einer wichtigen Säule in unserer Arbeit entwickelt. Wenn Johnny solche Naturbauwerke als Workshops oder als Auftrag umsetzt, dann werden natürlich alle Prinzipien der Wildniskultur so gut wie möglich umgesetzt. Der Weidenbau alleine hätte zwar für die Natur schon einiges zu bieten, ist doch die Weide als Frühblüher eine der ersten Futtermöglichkeiten für Bienen und Insekten nach dem Winter. Durch eine zusätzliche Bepflanzung in Mischkultur wird das gesamte Bauwerk zusätzlich noch zum Mehrgewinn für alle – Mensch, Tier und Pflanze!

Um diesen wichtigen Mehrwert so effektiv wie möglich in die Harmonie des Weidenbaues zu integrieren, ist Johnny dazu übergegangen, jedes Bauwerk mit einem Beet mit Beeteinfassung zu umgeben. Diese kann aus großen Steinen, Rundholzstämmen oder anderen nachhaltigen Materialien, wie alten Ziegelsteinen, unbehandeltem (altem) Bauholz etc., bestehen. Die Bepflanzung kannst du wie im Kapitel „Indianerbeet, Hügelbeet und Co." beschrieben vornehmen.

Das Beet wird im Umkreis von ca. 50 cm oder mehr um den Weidenbau angelegt und von der Einfassung begrenzt. Wichtige Tipps findest du im Kapitel „Einfriedungen und Zäune naturnah gestalten: Naturhecke, Benjeshecke, Weidenzaun".

Hier, in diesem Kapitel, wollen wir dir „Bauanleitungen" für lebende Weidendome und Weidentunnel weitergeben sowie Tipps, die dir helfen, selbst oder mit anderen gemeinsam mit der wunderbaren Weide zu bauen. Vorab wollen wir dir aber jene Frage beantworten, die uns, in Bezug auf die Weide, am häufigsten gestellt wird: „Was ist eine Kopfweide und wo finde ich sie?"

Was sind Kopfweiden?

Als Kopfweiden bezeichnet man jene Weiden, die regelmäßig beschnitten werden und deren Stamm als Jungbaum auf ungefähr 1 bis 3 m eingekürzt wurde. Das heißt, viele Weidenarten können zur Kopfweide erzogen werden! Die „Kopfweide" ist KEINE Weidenart.

Weiden wurden in früheren Zeiten oft und regelmäßig „auf Kopf geschnitten", denn diese Art der „Erziehung" produziert lange, gerade Ruten, die für Bauwerke optimal sind, UND sie produziert auch biegsame Ruten, die vor allem für Flechtarbeiten, aber auch im Lehmbau eingesetzt wurden.

Da die Kopfweide regelmäßig beschnitten werden muss, um nicht früher oder später durch die Last der unbeschnittenen Ruten und Triebe abzubrechen, ist sie aus arbeitstechnischen Gründen fast komplett aus dem Landschaftsbild verschwunden. Das ist sehr schade! Denn so eine alte Kopfweide liefert nicht nur das beste Bau- und Flechtmaterial, sie bietet auch zahlreichen Tieren Unterschlupf! Hunderte von Insekten wie Käfer und Spinnentiere finden in der Kopfweide ihren optimalen Lebensraum und in den zahlreichen Verstecken, die eine alte, große Kopfweide bietet, nisten Steinkäuze, Rotschwänze, Grünspechte, Bachstelzen, Meisen und viele andere Vogelarten. Sogar Säugetiere wie Marder und Fledermäuse kommen in den Genuss des Schutzes der Kopfweide.

Wenn du Lust und Spaß daran hast, kannst du in deinem Garten eine – oder am besten einige – Kopfweide ansiedeln. Weiden sind generell sehr triebfreudig und wachsen, wenn die Umgebung passt, rasch an.

Frisch geschnittene Kopfweide

Setzen und Erziehen einer Kopfweide – Schritt für Schritt

Optimal für das Erziehen einer Kopfweide eignet sich die **Korbweide**, da sie von ihrem Wuchs her kleiner bleibt und so leichter beschnitten werden kann.

Schritt 1: Am besten, du schneidest einen ungefähr 2 m langen, geraden Ast, der im Durchmesser ca. 8 bis 10 cm dick ist, ab.

Schritt 2: Dieser wird ca. 30 bis 50 cm weit in den Boden gesteckt, je nach Erdmaterial: je karger, desto tiefer. Am besten du bohrst mit dem Erdbohrer ein dementsprechendes Loch vor. Wichtig ist, die Weide beim Stecken nicht zu beschädigen. Das gilt natürlich auch für das Bauen mit Weiden.

Schritt 3: Für das Anwurzeln ist es auch notwendig, dass die Weiden gleich nach dem Setzen immer wieder gewässert werden (einschlämmen). Die Weide darf nicht austrocknen!

Schritt 4: Natürlich wird unter der wachsenden Kopfweide eine ökologische Baumscheibe angelegt. Dir als Wildniskultur-Gärtner oder Gärtnerin würde nie etwas anderes einfallen!

Die Triebe, die am Stamm entstehen, darfst du regelmäßig abschneiden. Die Triebe, die am Kopf austreiben, kannst du in ein- bis zweijährigem Intervall schneiden. Um immer gerade, lange Weidenruten ernten zu können, schneidest du am besten einige Ruten alle zwei Jahre, andere jedes Jahr. Ganz nach deinen Bedürfnissen.

Weidenarten

Es gibt unzählig viele Weidenarten, deshalb stellen wir dir jene vor, die im mitteleuropäischen Raum seit jeher als Baumaterialien eingesetzt worden sind. Bevorzugte **Weiden für Zäune und Bauwerke:**

- Korbweide oder Hanfweide (*Salix viminalis*)
- Purpurweide (*Salix purpurea*)
- Silberweide (*Salix alba*)
- Grauweide oder Aschweide (*Salix cinerea*)
- Mandelweide (*Salix triandra*)
- Filzastweide (*Salix dasyclados*)

Korb- oder Hanfweide

Die Korb- oder Hanfweide ist durch ihre **Triebstärke** die am häufigsten verwendete Weide für Weidenbauten. Die Ruten sind oft schon nach einem Jahr 2 bis 3 m lang. Die Blätter sind länglich und verleihen dem Weidenbau im Sommer ein hanfartiges Aussehen. Sie eignet sich, wie schon beschrieben, sehr gut zum Erziehen zur Kopfweide.

Die Purpurweide

Die Purpurweide ist weniger triebfreudig und dadurch nicht so pflegeintensiv. Sie ist widerstandsfähig und hat eine **schöne und rötliche Farbe**. Du kannst mit ihr deinen Bauwerken einen farblichen Akzent verleihen.

Die Silberweide

Ihre Blätter schimmern an der Unterseite **silbrig** und geben dem Weidenbau eine interessante Färbung. Sie ist sehr **robust** und wird **sehr hoch** (bis zu 30 m). Eine Art der Silberweide ist die Gold- oder Dotterweide, sie fällt durch die gelbe Färbung ihrer Ruten auf.

Die Grauweide

Ihre **Ruten sind sehr stabil** und lassen daher größere Bauwerke mit mehr Gewicht zu. Sie hat schöne runde Blätter.

Die Mandelweide

Die Mandelweide wächst sehr langsam und wird gerne für **grobes Flechtwerk** und Weidenfaschinen verwendet (das sind Rutenbündel aus langen, trockenen Weidenruten, die für große Weidenbauten und auch als Uferbefestigungen verwendet werden). Die Mandelrute hat sehr biegsame Ruten und eignet sich dadurch für **künstlerisch ambitionierte Bauwerke**.

Die Filzastweide

Die Filzastweide hat sehr große Blätter und produziert **den stärksten jährlichen Austrieb der Weidenarten auf unserer Liste.** Ihre Ruten sind nicht so lange wie die der Korbweide und sind sehr stark verästelt.

Der Weideniglu/Weidendom

Jetzt wird es spannend! Wir wollen dir hier Weidenbauten vorstellen und stellen dir Anleitungen zur Verfügung, wie du Weidenbauten in deinem Umfeld integrieren kannst.

Der Unterschied zwischen den Bauwerken besteht für mich hauptsächlich in der Größe. Je größer der Durchmesser, desto mehr strahlt der Weidenbau Ruhe und Sinnlichkeit aus. Weidendome, deren Durchmesser mehr als 4,5 m haben, sind nicht mehr so einfach zu bauen. Für große Dome und Kuppeln wird die Faschinentechnik verwendet.

Johnny hat sich auf Weidenbauten bis 4,5 m Durchmesser spezialisiert, deshalb beschreiben wir dir diese Technik. Wenn du mehr über Faschinentechniken wissen möchtest, kann dir einschlägige Literatur oder auch das allwissende Internet weiterhelfen.

Weidendom, WIKI KDG Tannhofweg, Graz

Weideniglu, Massagepraxis Wolfgang Krainz, Deutschfeistritz

HINWEIS! Rutenlänge

Beim Weidenbau gilt generell: Je größer der Durchmesser, desto länger die Ruten ... Es ist ab und zu eine Herausforderung, das notwendige Material dafür zu organisieren. Auch deshalb wäre es sehr wünschenswert, wenn sich möglichst viele Menschen wieder mit der „Weide" auseinandersetzen und ihren Anbau forcieren!

Kleinere Weideniglus für Kinder sind schnell und mit etwas Geschick errichtet. Große Dome brauchen schon einige helfende und am besten sachkundige Hände. Der Aufwand macht sich aber bezahlt. Kleine Weideniglus werden vor allem in Kindergärten, Schulen und auf Spielplätzen errichtet. Sie sorgen für eine natürliche Beschattung, dienen als Ruhe- und Erzählzonen und laden zum Verstecken ein. Große Weidendome bieten Platz für Meditationsgruppen, Seminare und sind die perfekte Stätte für Kulturevents jeglicher Art.

Durch die Beeteinfassung in Wildniskulturbepflanzung sorgen die Weidenbauten für ein buntes, lebendiges Bild. Das große Beet um den Weidenbau herum ist das i-Tüpfelchen jeder Weidenanlage.

Anhand des Baues eines Weidendomes mit zwei kurzen Weidentunneln als Eingängen und einer Beeteinfassung, beides im Österreichischen Freilichtmuseum Stübing während der „International World Wood Days 2019" entstanden, wollen wir dir den Bau eines solchen Bauwerkes Schritt für Schritt erklären:

Weidendom – Schritt für Schritt

1) Die Weidenruten werden geschnitten, entastet und nach Länge sortiert.

2) Nun den Mittelpunkt des Domes bestimmen und den Kreis mit Sand markieren.

3) Die Grasnarbe ausstechen und abheben.

4) Den Kreis mit Holzpflöcken markieren und den Pflanzgraben ausheben.

5) Die Pflanzlöcher bohren.

6) Nun die Stützweiden in die Löcher stecken und oben zusammenbinden.

(links) 7) Zu den Stützstangen werden dünne Weidenruten gesteckt.

8) Alle Stützweiden und die Weidenstangen dazwischen sind gesetzt und werden zusammengebunden.

9) Binden der Knotenpunkte.

10) Die Weidengänge werden gesteckt, gebogen und gebunden.

11) Den Pflanzgraben einschlämmen.

12) Die Grasnarbe für die Beetanlage ausstechen und umdrehen.

13) Das Beet mit Humuserde aufschütten.

14) Laub als Kompostschicht aufbringen.

15) Den Stützring binden …

16) … und am Weidendom anbringen.

17) Holzbretter für die Begrenzung nach innen zuschneiden und stecken.

18) Nun das Saatgut einsäen und einrechen bzw. Bohnen, Zwiebeln etc. stecken.

19) Gemulcht wird mit nassem Stroh.

20) Die Arbeit ist getan.

21) Das Innere des Weidendoms schon kurze Zeit später.

Materialliste für einen Weidendom mit 4 m Durchmesser

- 10 Stützruten zu je 4,5 bis 5 m
- 60 Weidenstangen + Flechtweiden zu 4 bis 4,5 m
- 20 lm Robinien- oder Lärchenstämme/ Klampfen (Bauklammern) zum Verbinden
- 2 m³ Gartenerde (Humuserde)
- verschiedene Samen, Hülsenfrüchte sowie Zwiebeln zum Säen und Stecken
- ausreichend Mulchmaterial (dünn aufgebrachten, etwa ein bis zwei Tage alten Rasenschnitt, in Wasser getränktes Stroh – verrottet leichter und fliegt bei Wind nicht so schnell fort)
- gute Garten- oder Astschere
- Bohrer mit Erdbohrer und/oder Pflockleisten
- Bindematerial aus natürlichen Stoffen (Hanf, Sisal ...)
- unbehandelte Holzbretter für die Innenabgrenzung

Die Bilder beschreiben sehr gut, wie Johnny beim Bau eines Weidendomes vorgeht. Bei dem beschriebenen Projekt hatte er tatkräftige Unterstützung unserer Söhne Kilian, Lion und Jakob sowie unserer Praktikantin Tanja. Ich komme bei solchen öffentlichen „Auftritten" selten zum händischen Arbeiten ... Meine Aufgabe ist es zu dokumentieren und natürlich mit den interessierten Menschen zu sprechen.

Schritt 1: Die Weiden schneiden und entasten, nach Längen und Stärken sortieren.

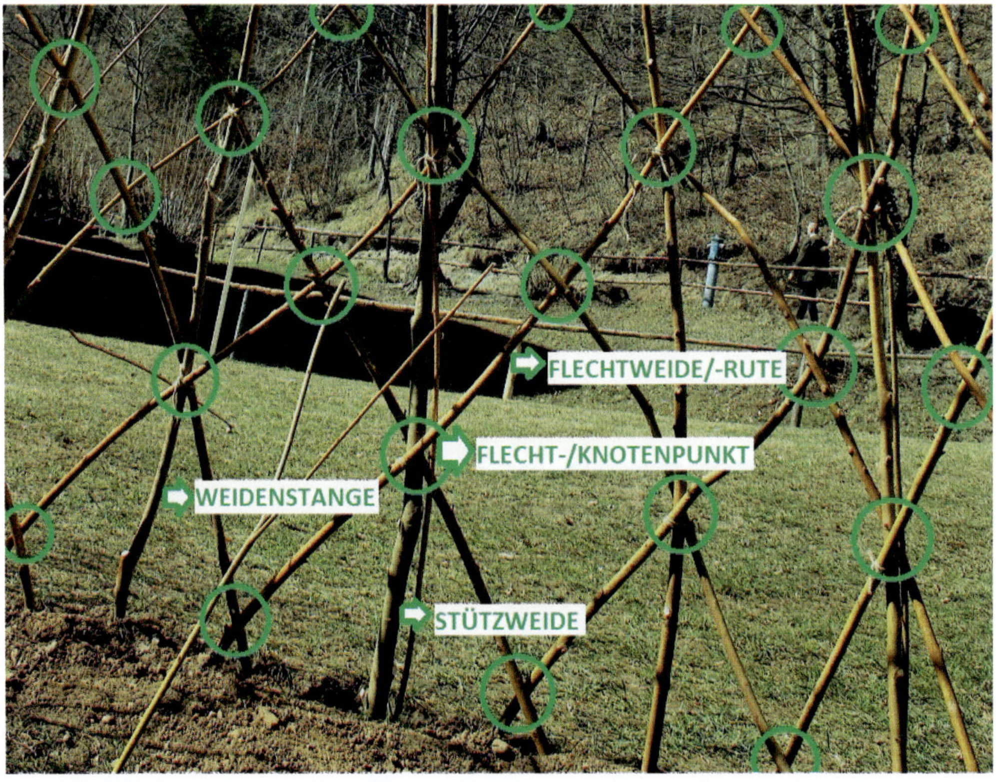

Weidendom mit Ringbauweise

Weidendom ohne Ringbauweise

Schritt 2: Den Graben anzeichnen, ausheben, die Grasnarbe separieren. Sie wird vor dem Bedecken des Beetes mit Gartenerde umgedreht und wieder ins Beet eingebracht. Der Pflanzgraben ist je nach Bodenverhältnis ca. 20 bis 30 cm tief und ca. 20 cm breit. Bei trockenen, steinigen Bodenverhältnissen gräbst du bitte 40 bis 50 cm tief.

Schritt 3: Nun werden die Stützstangen (die längsten und stärksten Ruten) gesetzt. Am besten du zeichnest dir die Löcher vor dem Bohren an, damit die Stangen möglichst gleichmäßig auf dem eingezeichneten Kreis gesteckt werden.

Schritt 4: Die Stützstangen werden oben in der Mitte gebunden.

Schritt 5: Nun steckst du die Weidenstangen, das sind die nächststärkeren Ruten, immer zwischen die Stützstangen hinein. Eingänge/Eingang bitte freilassen!

Schritt 6: Jetzt sind die Flechtruten dran. Am Bild (links) siehst du, wie du sie stecken solltest.

Schritt 7: Nun kannst du mit dem vorsichtigen Flechten beginnen. Immer einmal die Flechtrute vor den Stütz- bzw. Weidenstangen, einmal dahinter führen. Wichtig ist, die Ruten immer abwechselnd zu führen, sodass sich ein schönes, stabiles Geflecht ergibt. Bitte behandle die Weiden mit großer Achtsamkeit. Am besten geht das Knoten, wenn du einen Helfer an deiner Seite hast.

Schritt 8: Johnny arbeitet gerne einen Stützreifen aus Weiden im Dach des Domes mit ein. Das hat sich als Stabilitätsfaktor gut bewährt.

Schritt 9: Wenn du einen oder mehrere Weidentunnel-Eingänge einfügen möchtest, haben wir für dich eine Skizze gezeichnet (siehe nächste Seite), nach der du dich orientieren kannst.

Weidentunnel mit Beeteinfassung

Materialliste für einen Weidentunnel mit ungefähr 2,5 m Länge

- 40 Flechtruten und 18 Weidenstangen, jeweils 2,5 bis 3 m lang (je nachdem, wie hoch der Tunnel werden soll)

Beim Bau des Tunnels gehst du gleich vor wie beim Bau des Domes/Iglus.

Abschließend kannst du dein Beet, wie schon im Kapitel „Indianerbeet, Hügelbeet und Co." beschrieben, mit einer Beeteinfassung (außen Rundstämme, innen Holzbretter) vorbereiten, Saatgut ausbringen und mulchen.

Am Anfang solltest du die Weiden regelmäßig gießen, und zwar auch im Herbst, wenn es zwar nicht mehr heiß ist, es sehr wohl aber Trockenphasen geben kann. Das ist sehr wichtig, damit die Weiden ordentlich anwachsen können!

TIPP! Videoanleitung

Hier siehst du, wie ein Weidendom gebaut wird:
https://youtu.be/QdIVyLZxADQ

WILDBLUMENWIESE FÜR BIENEN, SCHMETTERLINGE UND CO.

Ich hoffe, wir konnten dir durch das Lesen dieses Buches einige interessante und hilfreiche Sichtweisen vermitteln, die dir das Arbeiten in deinem Garten erleichtern. Wenn wir es auch noch geschafft haben, dir zu vermitteln, wie wichtig jede noch so kleine natürlich bewirtschaftete Fläche nicht nur für uns Menschen, sondern auch für unsere vielen, vielen Mitlebewesen ist, dann sind wir sehr glücklich.

Mach deinen Garten, deine Umgebung, deine Gemeinde, deine Stadt zum Klimaschutz-Garten – mach deine Umwelt KLIMA-FIT!

Mittlerweile wird immer mehr Menschen klar, dass wir es nur gemeinsam schaffen, uns auf die neuen Klimabedingungen einzustellen und die notwendigen Klimaanpassungsmaßnahmen vorzunehmen. Dazu gehört auch, uns besonders um den Schutz und die Unterstützung unserer heimischen Insekten zu kümmern, denn der massive Rückgang der Insektenpopulation hat direkte Auswirkungen auf unsere Umgebung und auf unser zukünftiges Leben auf unserem so schönen Planeten.

Insekten sind **für die Bestäubung von über 90 % der Pflanzen zuständig**, sie bilden die

(© Sabine-Susan Singler, pixelio.de)

Blumenwiese

Nahrungsquelle für viele Vögel, Reptilien, Amphibien und auch Säugetiere. Insekten sind aber auch **Nützlinge in der Forst- und Landwirtschaft**. Sie hemmen die Ausbreitung von Schädlingen:

- So fressen Marienkäfer, Schwebfliegen und Florfliegen beispielsweise gerne Blattläuse.
- Schlupfwespen lieben diese Leckerbissen ebenfalls, fressen aber auch gerne die Eier des Apfelwicklers und des Maiszünslers.
- Der Ameisenbuntkäfer hat sich auf den Verzehr von Borkenkäfern spezialisiert und kann so in Wald- und Forstwirtschaft helfen, deren Überpopulation einzudämmen.

Einen wichtigen Stellenwert nehmen Insekten aber auch im **Aufbau eines gesunden Bodens** ein: Sie sind wichtige Verwerter und helfen mit, Tierreste und abgestorbene Pflanzenteile zu zersetzen und zu remineralisieren.

Wenn über Insektenschutz gesprochen wird, stehen Schmetterlinge und Bienen sehr oft im Zentrum des Interesses. Natürlich sind diese geflügelten Helfer wichtiger Bestandteil unserer Ökosystems. Allerdings dürfen wir gleichzeitig auch an die unzähligen Wildbienen, Wespen, Hummeln und anderen Insekten denken!

Um unsere wichtigen Helfer wieder zu vermehren und auch zu schützen, braucht es eine **Vielzahl von Maßnahmen**:

- Der Einsatz von Pestiziden und Herbiziden, wie Glyphosat, muss aufhören.
- Fungizide müssen ebenfalls zurückgedrängt werden.
- Riesige Monokulturen, die nur mit überdimensionalen Geräten bewirtschaftet werden, sollten dringend bald der Vergangenheit angehören.
- Öffentliche Grünräume sowie Privat-, Kindergarten- und Schulgärten sollten in Zukunft nachhaltig bewirtschaftet werden. „Wilde“ Flächen wie Wiesen und Beete dürfen überall entstehen, Straßenböschungen und Baumscheiben sollten mit einer bunten Vielfalt an Pflanzen und damit auch tierischen Helfern bereichert werden!

„Das klingt alles ganz gut“, wirst du sagen, „aber wie soll das denn in die Praxis umgesetzt werden? Das geht ja nie!“ Wir verstehen deine Bedenken! Allerdings erfolgt Veränderung nur durch das aktive Tun. Wir als Konsumenten bestimmen mit unserem Einkaufsverhalten, wie mit unserer Natur umgegangen wird. Und wir als Einzelpersonen, als Teil von Dorf- und Stadtgemeinschaften, können aktiv mitgestalten und unsere Meinung kundtun, wenn wir das möchten. Was wir alle aber ausnahmslos machen können, ist, unsere eigene Umgebung für Lebewesen aller Arten attraktiv zu machen, also natürlich auch für unsere Insekten!

In diesem Kapitel beschäftigen wir uns deshalb mit der **Anlage von Wildblumenwiesen**, die jeder von uns überall initiieren und umsetzen kann.

Welche Schwierigkeiten können bei der Anlage solcher Blühwiesen auftreten?

- Die meisten Blühwiesenmischungen sind für unsere mitteleuropäischen Verhältnisse nicht geeignet. Sie enthalten oft zu einem großen Teil nicht heimisches Saatgut von nicht heimischen Pflanzen.
- Weiters besteht eine ECHTE Wildblumenwiese aus ein- und mehrjährigen Pflan-

zen. Die Saatmischungen sind aber meist nur auf einjährige Blumen spezialisiert.

- Wildblumenwiesen sollten im optimalen Fall im Herbst angelegt werden, da viele Samen „Frostkeimer" sind und Minustemperaturen brauchen, um im Frühjahr austreiben zu können.
- Teilweise werden bei Saatgutmischungen aus dem Baumarkt keine ausreichend guten Anleitungen mitgeliefert, die dem Konsumenten erklären, wie er beim Anlegen einer dauerhaften Blumenwiese vorgehen soll. Daher werden Samen oft direkt auf bewachsene Flächen ausgebracht oder es wird nicht ausreichend darüber informiert, dass eine solche Blühwiese nur auf mageren Verhältnissen wirklich gut anwachsen kann.

KLIMA-FIT-TIPPS von Johnny

Kaufe für die Anlage deiner Wildblumenwiese Saatgutmischungen, die regionalen und natürlichen Ursprungs sind! Eine Liste dazu befindet sich im Anhang.

Auf Saatgutmischungen von großen Saatgutproduzenten sollte möglichst nicht zurückgegriffen werden. Diese sind sichtlich eher daran interessiert, so viele Mischpackungen wie möglich zu verkaufen als an einem ökologisch, nachhaltigen Umgang mit unserer Umwelt!

Wir wollen dir nun eine Schritt-für-Schritt-Anleitung zum Anlegen einer Wildblumenwiese geben, dich aber wieder daran erinnern, dass du dir bitte immer Gedanken darüber machen darfst, wie sich denn deine Verhältnisse vor Ort präsentieren. Wir nennen diese Anleitung einfach „Johnnys Wildniskultur-Wiese":

Wildblumenwiese mit Weidenzauneinfassung und Staketenzaun, Wildniskulturspielplatz Übelbach

Blühwiese, Wildniskulturspielplatz Übelbach

Wildniskulturwiese – Schritt für Schritt

Schritt 1: Die Saatbeetvorbereitung

Solltest du eine vorhandene Wiesen- oder Rasenfläche um ein paar Stückchen Natur erweitern wollen, hebst du nur stellenweise die Grasnarbe ab (immer mindestens 2 m²) und lockerst den Boden darunter auf. Danach kannst du so vorgehen, wie in der folgenden Anleitung zu Neuanlage beschrieben:

Du kannst entweder die Grasnarbe abheben, sie separieren und danach für ein anderes Wildniskulturelement verwenden oder auch den Boden umstechen. Danach magerst du die fette Erde mit Sand und eventuell ein wenig Schotter ab. Denn die meisten Wildblumen wachsen auf mageren Verhältnissen. Nun kannst du die Blumenzwiebeln stecken. Johnny verwendet hier frühblühende Blumenarten, die sich als besonders bienen- und insektenfreundlich erweisen und zu unterschiedlichen Zeiten blühen (hier eine kleine Auswahl):

Pflanze	Art	Blütezeit
Blaue Anemone	*Anemone blanda*	Februar–April
Märzenbecher	*Leucojum vernum*	Februar –März
Winterling	*Eranthis*, alle Arten	Februar –März
Krokus	*Crocus*, alle Arten	Februar –März
Narzisse	*Narcissus obvallaris*	März
Schneeglanz	*Chionodoxa*, alle Arten	März–April
Traubenhyazinthe	*Muscari armeniacum*	März–Mai
Blausternchen	*Scilla*; alle außer *Scilla peruviana*	März–April
Schachbrettblume	*Fritillaria melegaris*	April
Wildtulpe	*Tulipa bakeri*	März–April
Milchstern	*Ornithogalum umbellatum*	April–Mai
Kaiserkrone	*Fritillaria imperialis*	April–Mai

Wie viele Blumenzwiebeln du setzt, bleibt natürlich dir überlassen. Die Erfahrung zeigt, dass es sich auszahlt, sehr üppig zu setzen, da sich einzelne Blumen rein optisch in der Wildblumenwiese recht schnell verlieren. Blumenzwiebeln wie Krokusse, Tulpen und Kaiserkrone kannst du als effektive „Wühlmaus-Abschreckung" auch in deine Gemüsebeete setzen.

Schritt 2: Die Aussaat
Jetzt kannst du deine Saatgutmischung mit der Decksaat (grobkörniges Saatgut der einjährigen Pflanzen) vermischen und ausbringen. Unter den Links zu den verschiedenen Saatgutproduzenten findest du auch Hersteller, die dir Mischungen, die genau deinen Anforderungen entsprechen, zusammenstellen.

Mische deine Mischung 1 : 1 mit Sand, dann lässt sie sich einfacher und gleichmäßiger aussäen. Nun bringst du die Mischung auf deine vorbereitete Fläche breitwürfig und gleichmäßig aus. Bitte arbeite die Saat nicht unter, sondern streiche nur sanft darüber. Die Samen sollten nicht mehr als 1 bis 2 mm dick von Erde bedeckt sein, dann anwalzen oder festtreten, damit guter Erdkontakt gegeben ist.

Aussaatzeitpunkt: Herbst bis Spätwinter, optimal vor angesagtem Regen. Bitte nicht künstlich gießen (angießen), die Samen wissen selbst, wann sie keimen sollen.

Schritt 3: Pflege, Umgang und Bewirtschaftung
Johnny ist dazu übergegangen, Dauerblühwiesen nur einmal jährlich, und das am besten mit der Sense, zu mähen. Je nach Witterung kann die Wiese ab Ende Juli bis Ende September gemäht werden.

KLIMA-FIT-TIPP von Johnny

Eine Mahd im Spätsommer oder Herbst vornehmen, das Mähgut einen Tag liegen lassen (damit mögliche Samen herausfallen), danach entfernen.

Wildblumenwiesen sind sehr sensible Ökosysteme, sie entwickeln sich und wachsen über mehrere Jahre zu einem stabilen ökologischen Lebensraum. Daher gilt es sie besonders zu schützen. Diese bunten, vielfältigen Lebensräume sollten nicht als Spiel- oder Aufenthaltszonen verwendet werden, weder im privaten noch im öffentlichen Raum. Johnny empfiehlt nachdrücklich, solche wunderbaren Wiesen der Vielfalt mit einem Naturzaun zu umgeben und mit einem verschließbaren Tor zu versehen, um die Lebewesen dort nachhaltig zu schützen.
Natürlich kannst du auch vorsichtig ein Wegesystem mähen, dass es dir erlaubt, zum Beobachten und Lernen auf die Wiese zu gehen. Das empfiehlt sich besonders bei öffentlichen Flächen. Vielleicht findet sich der/die eine oder andere interessierte Wildkräuterexperte, der Besucher achtsam zu bestimmten Zeiten über die Wiese begleitet.

Im ersten Jahr kannst du „unerwünschte" Beipflanzen, falls sie überhandnehmen, entfernen.

KLIMA-FIT-TIPP von Johnny

Um möglichst achtsam mit den Bewohnern der Wiese umzugehen, mähst du am besten nicht die ganze Fläche auf einmal, sondern lässt ca. eine Woche Pause zwischen den einzelnen gemähten Abschnitten! Unsere tierischen Helferchens können sich so in Ruhe auf die neue Situation einstellen.

Besonders insektenfreundliche Wildblumen (eine kleine Auswahl)

- Große Bibernelle (*Pimpinella major*)
- Eselsdistel (*Onopordum acanthium*)
- Speerdistel (*Cirsium vulgare*)
- Nickende Distel (*Carduus nutans*)
- Färberwaid (*Isatis tinctoria*)
- Wiesenflockenblume (*Centaurea jacea*)
- Geißraute (*Galega officinalis*)
- Hochwüchsige Habichtskräuter (*Hieracium*)
- Heilwurz (*Libanotis pyrenaica*)
- Aromatischer Kälberkropf (*Chaerophyllum aromaticum*)
- Färberkamille (*Anthemis tinctoria*)
- Wilde Karotte (*Daucus carota*)
- Große, Filzige und Kleine Klette (*Arctium lappa*, *A. tomentosa* und *A. minus*)
- Windblumen-, Großblütige, Kleinblütige, Pracht- und Mehlige Königskerze (*Verbascum phlomoides*, *V. densiflorum*, *V. thapsus*, *V. speciosum* und *V. lychnitis*)
- Wilde Malve (*Malva sylvestris*)
- Gewöhnliche und Großblütige Nachtkerze (*Oenothera biennis*, *O. erythrosepala*)
- Weiße Nachtnelke (*Silene latifolia*)
- Natternkopf (*Echium vulgare*)
- Rainfarn (*Tanacetum vulgare*)
- Gelber Steinklee (*Melilotus officinalis*)

Wildblumenwiese nur mit Staketenzaun auf der Südseite des Wildniskulturspielplatzes Übelbach

EINFACHE REZEPTE FÜR SELBSTGEMACHTES

In diesem Kapitel habe ich für dich einige Rezepte als Ideengeber zusammengestellt. Häufig sind die verwendeten Gemüse oder Kräuter austauschbar. Ich lade dich ein, auszuprobieren, was dir schmeckt!

Eberrautenspitzen mit Zitrone vermischt

COLA AUS EBERRAUTE

Bei unseren Streifzügen mit Kindern durch den Garten darf natürlich die Eberraute nicht fehlen. Es gibt dieses Kraut in verschiedenen Geschmacksrichtungen ... alle schmecken in Sirupform, aber auch als Gewürz für Suppen und Aufstriche herrlich!

Die Eberraute (Colastrauch) ist eine Verwandte des Beifußes und des Wermuts. Wie ihre Verwandten ist sie eine mehrjährige Pflanze mit bitterem Geschmack. Ihr besonderes Aroma und ihr Cola-Duft macht sie vor allem für Kinder so unwiderstehlich. Es ist schön, dass die Eberraute wieder öfter in Gärten zu finden ist. Als Würze zur verbesserten Aufnahme und Verträglichkeit von fetten Speisen war sie früher nämlich sehr beliebt.

Das Schöne an dem folgenden Cola-Rezept ist, dass die Eberraute genau das Gegenteil im Körper bewirkt wie das handelsübliche und ungesunde Cola. Sie beruhigt, hilft bei Schlafproblemen und wirkt sich generell auf den Körper positiv aus.

3–4 EL Eberrautenspitzen
2–3 Bio-Zitronen, unbehandelt
1 l Wasser
250 g Bio-Braunzucker oder Xylit

Die Eberrautenspitzen mit den gewaschenen, in Scheiben geschnittenen Bio-Zitronen vermischen.

Wasser mit Zucker/Xylit zum Kochen bringen. Das Zitronen-Eberrauten-Gemisch beifügen.

Auskühlen lassen und ungefähr 3 Tage kühl stellen.

Danach durch ein feines Sieb abseihen, nochmals aufkochen und in saubere, sterilisierte Flaschen füllen. Fertig ist das gesunde Cola!

▸ Serviervorschlag

Den Sirup mit (Mineral-)Wasser mischen und genießen!

▸ Rezepttipp

Nimm nur die frischen Triebe, die älteren können bitter schmecken!

EINGELEGTE GURKEN, PFEFFERONI ODER CHILIS

Das ist unser absolutes Lieblingsrezept. Die Senfkörner sammeln wir im Herbst von unseren Senfpflanzen, die Wacholderbeeren kommen auch direkt vom Busch vor der Haustüre, der Fenchel kommt vom Wildniskulturspielplatz Übelbach.

2 Gurken oder 1 Handvoll Pfefferoni oder Chilis
1 Zitrone
150 ml Einlegeessig
300 ml Wasser
100 g Zucker
etwas Salz
Dill, Senfkörner, Wacholderkörner, Lorbeerblatt, Fenchelsamen, etwas Neugewürz

Die Gurken in Scheiben schneiden (5 mm), die Zitrone waschen, in Scheiben schneiden und alles in ein Schraubglas füllen.

Essig, Wasser, Zucker, Salz und Gewürze aufkochen lassen und über die Gurken und die Zitronen gießen.

Das Glas mit Schraubdeckel verschließen, auf den Kopf stellen und auskühlen lassen.

Die eingelegten Gurken sind nach ca. 1 Monat fertig zum Verzehr und sind ca. 2 Jahre haltbar.

KAPUZINERKRESSEPESTO

Wir lieben Kapuzinerkresse! Sie schaut wunderschön aus, wenn sie sich auf Gartenzäunen, Benjeshecken oder Weidenbauten räkelt und ist ein köstliches und gesundes Lebensmittel. Blüten, Stängel und Blätter lassen sich zu schmackhaften Mahlzeiten verarbeiten und natürlich auch zu einem kleinen Wintervorrat verarbeiten. Da bei uns die Kapuzinerkresse in jedem Garten und bei jedem Projekt verwendet wird, schöpfen wir aus dem Vollen.

Am liebsten haben wir das Kapuzinerkressepesto. Es lässt sich rasch herstellen und im Winter dient es als Vitaminbombe und beugt Erkältungen vor. Hier das köstliche Rezept:

Mengenangabe für ein 350-ml-Glas

150 g Kapuzinerkresse (etwa 3 große Handvoll Blätter/Triebe, Blüten, nicht zu feste Samen)
50 g Pinien- oder Walnusskerne
10 g Salz
100 g Öl (Oliven- oder Distelöl)

Die Kapuzinerkresse zu einem Mus pürieren, am besten nimmst du dafür einen Standmixer oder ein passendes Gerät zum Herstellen von Smoothie.

Falls du dich für Pinienkerne als Zutat entscheidest, röstest du diese ohne Zugabe von Öl kurz in einer Pfanne an und pürierst sie mit der Kresse. Die Walnüsse können ohne vorheriges Anrösten verwendet werden.

Zur fertigen Paste nun ca. 80 ml Öl geben und nochmals pürieren.

Das fertige Pesto anschließend in saubere, sterilisierte Gläser geben, das restliche Öl über die Masse gießen.

Das Pesto ist kühl gelagert ca. 4 Wochen haltbar.

▸ Rezepttipps

Eine längere Haltbarkeit erzielst du, wenn du statt 10 g Salz 15 g Salz und statt 100 ml Öl 120 ml Öl nimmst. Dann ist der Wintervorrat gesichert!

Menschen, die mit Darm oder Magen Probleme haben, sollten sparsam mit dem Pesto umgehen. Es wirkt anregend!

▸ Serviervorschlag

Das Pesto eignet sich für Nudel- und Reisgerichte, als Grundlage einer würzigen Salatmarinade oder auch als Aufstrich.

Kilian beim Ernten von Kapuzinerkresse

KRÄUTERRAUPE MIT FRISCHEN KRÄUTERN

Wir arbeiten im Zuge unserer Projekte „KLIMA-FIT – das Essbare, bunte Klassenzimmer" (für Schulen) und das „Essbare, bunte Kinderzimmer" (für Kindergärten und -krippen) mit vielen Kindern und Pädagoginnen. Einfache Rezepte mit Zutaten direkt aus dem Garten und der Natur eignen sich dafür besonders gut. Am liebsten mag ich es, wenn ich gemeinsam mit den Kids und den Betreuern angelegte Mischkulturbeete regulieren kann, um die Beikräuter dann direkt zum Beispiel in der Kräuterraupe zu verarbeiten.

Damit schlagen wir zwei Fliegen mit einer Klappe: Auf der einen Seite ist das Beet auf eine Weise reguliert, die den Kulturpflanzen zwar mehr Platz zum Wachsen gibt, auf der anderen Seite aber den Boden trotzdem bedeckt hält. Auf der anderen Seite verwerten wir gleichzeitig die köstlichen, gesunden Beikräuter – ihre Wichtigkeit wird so noch einmal hervorgestellt.

(wir verwenden die vierfache Menge)

500 g Dinkelvollkornmehl
1 Packung Trockenhefe
ca. 500 ml lauwarmes Wasser
3/4 TL Salz
kleingehackte Kräuter nach Wahl (Beikräuter wie Gartenmelde, Giersch, Franzosenkraut, Löwenzahn, Gänseblümchen, Spitz-/Breitwegerich, Klee)
2 Rosinen oder Kaffeebohnen (Augen)
1 kleine Chilischote oder rote Paprika (Zunge)

Das Mehl mit Trockenhefe, lauwarmem Wasser und Salz mischen und zu einem geschmeidigen Teig verkneten. Ist der Teig zu trocken, kommt etwas Wasser hinzu, ist er zu feucht, gibst du etwas Mehl dazu. Nun den Teig ca. 1–2 Stunden an einem warmen Ort gehen lassen.

Den Teig mit den kleingehackten Kräutern verkneten und zu kleinen Brötchen formen. Alle Brötchen raupengleich auf ein mit Backpapier ausgelegtes Blech legen.

Als Augen die Rosinen/Kaffeebohnen und als Zunge die Chilischote/Paprika einsetzen.

Den Teig nun nochmals zudecken und weitere 30 Minuten gehen lassen. Derweil den Ofen auf 220 °C vorheizen.

Dann das Blech in den vorgeheizten Ofen schieben und das Brot 20 Minuten backen.

Beikräuter gedeihen neben Kulturpflanzen: russischer Kohl, Salate, Senf, Taubnesseln, Meldenarten, Franzosenkraut.

Die gebackene Kräuterraupe

LÖWENZAHNHONIG – EINFACH, GESUND, KÖSTLICH

Anhand dieses einfachen Rezeptes möchte ich dir zeigen, wie wunderbar Kinder in die Herstellung natürlicher Lebensmittel integriert werden können. Seit unsere Kinder klein waren, haben wir immer im Frühling, wenn wir die nötige Zeit dazu hatten, Löwenzahnhonig oder Löwenzahnsirup hergestellt.

Die Jungs waren immer eifrig dabei ... beim Machen UND beim Verkosten.

6 Handvoll Löwenzahnblüten
800 ml Wasser
1 Bio-Zitrone, unbehandelt, in Scheiben geschnitten
1 Bio-Orange, unbehandelt, in Scheiben geschnitten
750 g Rohrohrzucker oder Xylit
nach Wunsch 1 Handvoll Kräuter aus dem Garten (Zitronenverbene, Zitronenmelisse, Salbei ...)

Die Löwenzahnblüten kurz ausschütteln und im Wasser aufkochen lassen.

Anschließend die geschnittenen Zitronen- und Orangenstücke dazugeben und das Ganze ungefähr 10 Minuten ziehen lassen.

Die Löwenzahnmischung jetzt durch ein Sieb abseihen. Die entstandene Flüssigkeit mit dem abgewogenen Rohrohrzucker oder Xylit vermengen und einkochen lassen (bitte ständig rühren!).

Wenn die Masse dickflüssig ist (nach ca. 30 Minuten), in saubere, sterilisierte Gläser füllen. Du wirst begeistert sein!

(© Norbert Svojtka, pixelio.de)

LÖWENZAHNSIRUP

Du wirst gleich bemerken, warum es von dir sehr klug ist, Löwenzahnsirup mit Kindern herzustellen. Denn die Löwenzahnblüten sollen ja nicht nur gesammelt werden, es werden auch die gelben Blütenblätter vorsichtig abgezupft. Nur sie werden beim Herstellen des köstlichen, gesunden Getränks verwendet! Das dauert schon eine Weile, aber es macht sich bezahlt. Würde nämlich zu viel Grün der Blüte in den Sirup kommen, wird dieser bitter. Lass dir gesagt sein, dass die Kinder umso mehr Ausdauer und Spaß beim Helfen haben, je jünger sie sind!

ungefähr 350 g Löwenzahnblüten
2 Bio-Zitronen, unbehandelt
2 l Wasser
1,5 kg Rohrohrzucker oder Xylit

Die gelben Löwenzahnblütenblätter abzupfen.

Wenn diese Arbeit getan ist, die Zitronen auspressen und den Saft mit Wasser und Rohrohrzucker bzw. Xylit in einen großen Topf geben.

Diese Flüssigkeit nun aufkochen lassen, bis sich der Zucker/das Xylit vollkommen aufgelöst hat. Nun die Flüssigkeit über deine abgezupften Löwenzahnblütenblätter gießen und das Ganze ungefähr 24 Stunden mit Deckel ziehen lassen.

Danach die Masse abseihen und alles nochmals aufkochen lassen.

Nun kannst du den fertigen Sirup in saubere, sterilisierte Flaschen füllen.

▸ Serviervorschlag

Der Löwenzahnsirup schmeckt mit Wasser im Verhältnis 1 : 6 verdünnt ausgezeichnet.

NOTFALLSALBE AUS SPITZWEGERICH UND/ODER BREITWEGERICH

Spitzwegerich ist überall zu finden. Im Garten, auf der Wiese, am Straßenrand ... einfach überall. Er und sein Kompagnon, der Breitwegerich, haben uns schon so manchen guten Dienst erwiesen: Es kommt schon mal vor, dass die Jungs beim Barfußlaufen versehentlich auf eine Biene oder Wespe steigen. Als erstes Mittel gegen Schmerzen, Jucken und Anschwellen dienen da Spitz- oder Breitwegerich. Einfach die Blätter sammeln und so lange in den Handflächen zu einer Kugel formen, bis der Blattsaft austritt. Den gibst du dann auf den Stich ... wirkt wahre Wunder!

Du kannst dieselbe Anwendung auch bei leichten Verbrennungen, Sonnenbrand und Gelsenstichen machen. Solltest du beim Wandern Blasen an den Füßen bekommen, kannst du diese Technik ebenfalls anwenden. Noch besser wäre es aber, gleich ein großes Breitwegerichblatt auf jene Stelle zu legen, die eventuell anfällig für Blasenbildung ist, den Socken darüberzuziehen und danach den Schuh anzuziehen. Breitwegerich hilft nämlich schon vorbeugend, damit erst gar keine Blase entstehen kann.

Wie gesagt, die Blätter der beiden Pflanzen lassen sich hierzulande fast überall sofort finden. Aber ab und zu fährst du vielleicht irgendwohin, wo Spitz- und Breitwegerich nicht so leicht zu finden sind. Dann empfehle ich dir, deine selbstgemachte Salbe mitzunehmen und auch anzuwenden.

1 Handvoll Spitzwegerich- oder Breitwegerichblätter
200 ml Öl (Oliven- oder Mandelöl)
15 g Bienenwachs (am besten ungereinigt)

Die Blätter zerkleinern und danach pürieren. So kann der Pflanzensaft austreten.

Dieses Blätterpüree nun mit dem Öl vermischen und alles ganz kurz aufkochen lassen. Dann soll die Mischung ein paar Stunden (am besten über Nacht) ziehen.

Die Flüssigkeit anschließend durch ein sehr feines Sieb filtern und mit dem Bienenwachs im Wasserbad erwärmen, bis das Bienenwachs zerschmolzen ist.

Nun kannst du deine Notfallsalbe in kleine Döschen füllen und fertig!

Breit- und Spitzwegerich

Breitwegerich

VEILCHENSALBE – EINFACH GENIAL

Veilchensalbe ist aus unserer Hausapotheke nicht wegzudenken! Abschürfungen, Narbenpflege, Kopfschmerzen, Akne und unreine Haut ... überall wird unsere Veilchensalbe eingesetzt.

Schon in der Antike galt das Veilchen als „heilige Blume". Hildegard von Bingen, deren Kräuter, Gewürze und Rezepte uns bei der Aufrechterhaltung des gesundheitlichen Wohlbefindens unseres Kilians gute Dienste leisten, spricht dem Veilchen besondere Heilkräfte zu. Ich selbst habe meine verwucherte Kaiserschnittnarbe damit gepflegt – nun ist sie kaum noch zu sehen!

Veilchensalbe kannst du ganz einfach selbst herstellen. Als Basis dafür stellst du zuerst dein eigenes heilendes Veilchenöl her. Anschließend stellst du die Veilchensalbe her.

Veilchenöl

50 ml Oliven- oder Mandelöl
1 Handvoll frische Veilchenblüten

Die Zutaten in einem sauberen Glasgefäß vermischen und mindestens 2 Wochen an einem warmen Ort ziehen lassen (gerne auch länger, achte aber auf Sauberkeit, damit das Öl nicht schlecht wird).

Veilchensalbe

10 ml Veilchenöl
10 Tropfen echtes Rosenöl (unterstützt die heilende Wirkung des Veilchens optimal)
30 g Sheabutter oder Kokosöl

Die Zutaten in einer Glas- oder Keramikschüssel im Wasserbad zum Sieden bringen und mit einem sauberen Kochlöffel aus Holz oder einem Glasstäbchen verrühren.

Sobald sich alles gut aufgelöst und vermengt hat, kannst du die Creme in kleine Gefäße einfüllen. Kühl lagern.

▸ REZEPTTIPP

Creme mit einem Spatel oder Löffel entnehmen, nicht mit den Fingern.

Zutaten für die Veilchencreme

Verrühren der Zutaten für die Veilchencreme im Wasserbad

Die fertige, abgefüllte Veilchencreme

WACHSTÜCHER SELBST HERSTELLEN

Wir wissen alle: Auf Plastik zu verzichten ist ein wichtiger Beitrag zum Umweltschutz! Im Alltag erscheint das ab und zu schwierig, da im Supermarkt fast alle Waren, auch biologische, in Plastikfolien verpackt werden. Auch wenn du Obst und Gemüse per Handwaage, also einzeln, einpacken willst, stehen häufig nur kleine Plastiksackerl zur Auswahl.

Es gibt aber natürlich Alternativen zu dieser Vorgehensweise. Denn: Wie hat man früher Lebensmittel eingepackt, damit sie länger frisch blieben? Genau, man verpackte sie in Stoffsäcke, Wachstücher, Wachssäcke oder Wachspapier.

In unserem Heimatort Übelbach bietet zum Beispiel die örtliche Fleischhauerei, wo man auch frisches Obst und Gemüse kaufen kann, selbstgenähte Stoffsäckchen aus nicht mehr gebrauchten Stores an.

Diese werden von Damen im Ort genäht und gegen freie Spende kann man sie erwerben und auch gleich seine gekauften Früchte transportieren. Eine wunderbare Initiative!

Lebensmittel, die du gerne frischhalten möchtest, wie Brot und Gebäck, oder die du gerne als Jause mitnehmen möchtest, kannst du in Zukunft statt in Plastikschüsseln und -folie in Wachstücher einpacken.

1 Stück Stoff, am umweltschonendsten ist es, gebrauchte, gewaschene Kleidung, Geschirrtücher und Ähnliches in der für dich passenden Größe zuzuschneiden
etwas Bienenwachs (Ich verwende gerne einen 1-kg-Wachsblock vom hiesigen Imker. Das Wachs ist ungereinigt und unbehandelt und somit enthält es wichtige Stoffe, die antibakteriell und antiseptisch wirken. Ich reibe den Bienenwachsblock mit einer handelsüblichen Küchenreibe und erhalte so feine Wachsflocken, die wunderbar zu verarbeiten sind.)
1 Stück Backpapier
1 Bügeleisen

Nun legst du deinen zugeschnittenen Stoff auf eine Unterlage, auch ein Bügelbrett ist geeignet. (Das deckst du aber vorsorglich mit einem alten Lacken etc. ab, damit es nicht mit Wachs in Berührung kommt.)

Streue nun deine Wachsflocken darüber. Nimm lieber etwas mehr, sonst musst du immer wieder nachstreuen.

Decke das Ganze mit dem Backpapier ab und bügle auf mittlerer Stufe, bis das Wachs schmilzt und verläuft. Entferne danach das Backpapier und lass den Stoff trocknen.

Fertig ist dein umweltfreundliches Verpackungsmaterial!

Zum Frischhalten von Brot, angeschnittenem Obst oder einfach deinem Jausenbrot eignen sich auch Wachssäckchen hervorragend. Natürlich kannst du auch weitergehen und Wachspapier herstellen. Dieses eignet sich besonders gut für Wurst- und Fleischwaren. Gehe für beides ganz gleich vor wie bei der Herstellung von Wachstüchern, verwende aber statt des Tuches ein Stück (Zeitungs-)Papier.

TIPP! Videoanleitung

Ich durfte das Herstellen dieser Säckchen und Tücher in der Barbara Karlich Show des ORF zeigen. Das Video dazu kannst du dir auf unserem Permakultur-Wildniskultur-Kanal auf YouTube ansehen: https://youtu.be/Jan9_Ob_61M?list=PLQ7t65-GhrwKs-wHNNsdbmInlOjAAnYGEp

ANHANG

INITIATIVEN SAMT STANDORTEN UND KONTAKTDATEN

1. **WILDNISKULTUR am Flaschbacherhof**
A-8124 Übelbach
Kontakt: Johann Peham
Telefon: +43 (0) 699 104 55 136
Mail: JohannPeham@gmx.at

2. **Vereinsgarten Wildniskultur – Einfach Essbar**
A-8124 Übelbach
Kontakt: Johann Peham
Telefon: +43 (0) 699 104 55 136
Mail: JohannPeham@gmx.at

3. **„1. Essbare Gemeinde Österreichs/ Übelbach"**
Wildniskulturspielplatz Übelbach:
Gleinalmstraße 120 (gegenüber der Volksschule)
A-8124 Übelbach
Kontakt: Johann Peham
Telefon: +43 (0) 699 104 55 136
Mail: JohannPeham@gmx.at
Web: uebelbach.gv.at/1-Essbare-Gemeinde.4907.0.html

4. **„Einfach Essbare Gemeinde Obdach"**
Hauptstraße 31
A-8742 Obdach
Kontakt: Marktgemeinde Obdach
Telefon: +43 (0) 3578 4030
Web: marktgemeinde-obdach.at/de/Gesunde_Gemeinde_-_styria_vitalis.asp?n=245

5. **„Garten für ALLE" – Zuser Gruppe**
Am Kirchenweg (gegenüber der katholischen Kirche/Friedhof)
A-8120 Peggau
Kontakt Sonja Zuser
Telefon: +43 (0) 664 39 008 45
Mail: sonja.zuser@zuser.at
Web: zuser.at/garten-fur-alle_132.htm

6. **Generationenpark Peggau**
Hinterbergstraße
A-8120 Peggau
Kontakt: Marktgemeinde Peggau
Telefon: +43 (0) 3127 22 22

7. **Zuser Ressourcenmanagement** (Erdwall)
Wilhelm-Jentsch-Straße 1
A-8120 Peggau
Kontakt: Johann Peham
Telefon: +43 (0) 699 104 55 136
Mail: JohannPeham@gmx.at

8. **Österreichisches Freilichtmuseum Stübing** (Weidendom)
Enzenbach 82
A-8114 Stübing
Telefon: +43 (0) 3124 53700
Mail: freilichtmuseum@museum-joanneum.at

9. **Massagepraxis Wolfgang Krainz** (Weideniglu)
Am Dielachboden 38
A-8114 Kleinstübing
Telefon: +43 (0)676/5509519
Mail: massage.krainz@tmo.at

KLIMA FIT – Essbare, bunte Kinderzimmer:

10. **WIKI Kindergarten Babenbergerstraße**
Babenbergerstraße 38–40
A-8020 Graz
Kontakt: Christina Halbauer
Telefon: +43 (0) 316 714862
Mail: kiga.babenbergerstrasse@wiki.at

11. **WIKI Kindergarten Tannhofweg**
Tannhofweg 5
A-8044 Graz
Kontakt: Claudia Hanfstingl
Telefon: +43 (0) 676 57 77 551
Mail: kiga.tannhofweg@wiki.at

12. **WIKI Kinderkrippe Tannhof**
Tannhofweg 55
A-8044 Graz
Kontakt: Elisabeth Egger
Telefon: +43 (0) 0316 39 20 45
Mail: krippe.tannhofweg@wiki.at

13. **Gemeindekindergarten Sankt Marein im Mürztal**
Brunnenweg 1
A-8641 Sankt Marein im Mürztal
Kontakt: Elke Pernhofer
Telefon: +43 (0) 3864 20273
Mail: kindergarten-st.marein@hiway.at

KLIMA FIT –
Essbare, bunte Klassenzimmer:

14. **Kinderschule TAPTANA**
Hinterbergstraße 23
A-8700 Leoben
Kontakt: Heike Heinemann
Telefon: +43 (0) 664 84 909 20
Mail: team@taptana.at
Web: taptana.at

15. **Volksschule Thal/ Marktgemeinde Thal bei Graz**
Am Kirchberg 1
A-8051 Thal bei Graz
Kontakt: Schuldirektion VS Thal
Telefon: +43 (0) 316 586256
Mail: vs.thal@vs-thal.at

16. **Volksschule Peggau**
Grazerstraße 8
A-8120 Peggau
Kontakt: Schuldirektion, Karin Huber-Feldgrill
Telefon: +43 (0) 664 88 23 23 10
Mail: vs.peggau@aon.at

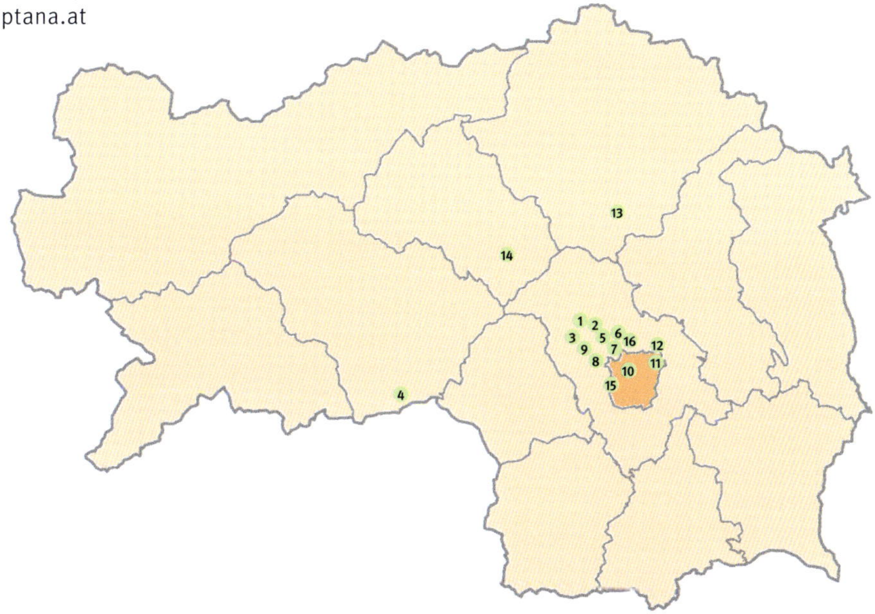

LINKS UND BUCHTIPPS

Links zum Pflanzen von Naturhecken

http://wp.wildvogelhilfe.org
https://www.umweltberatung.at/
http://www.naturtipps.at/gartenhecken.html
https://www.lfl.bayern.de
https://www.nabu.de
https://www.naturimgarten.at

Buchempfehlungen

„Das Indianerbeet. Die Drei Schwestern im Garten, Eine geniale Mischkultur“,
Natalie Faßmann, pala Verlag,
ISBN: 978-3-89566-351-2

„Weidenbauten – für naturnahe Gärten“,
Thomas Roth, ava Buch,
ISBN: 978-3-7040-2332-2

„Der Agrar-Rebell“, Sepp Holzer,
Leopold Stocker Verlag , ISBN 978-3-7020-0970-0

„Wüste oder Paradies“, Sepp Holzer,
Leopold Stocker Verlag,
ISBN 978-3-7020-1324-0

„Kräuterspiralen, Terrassen und Co.“,
Claudia Holzer, Josef A. Holzer, Jens Kalkhof, Leopold Stocker Verlag,
ISBN 978-3-7020-1260-1

„Jedem sein Grün. Urbane Permakultur: Selbstversorgung ohne Garten“
von Judith Anger, Immo Fiebrig, Martin Schnyder, Kneipp Verlag, ISBN 978-3708805443
(In der 1. Auflage ist das „Permakultur-Minimundus von Johnny Peham beschrieben. In der 2. Auflage wird die Initiative der „Essbaren Gemeinde Übelbach“ beschrieben.)

„Einfach Essbar – Eine bessere Welt ist pflanzbar“,
Sandra Peham, Eva-Maria Lipp, Johann Peham, Verlag Esspapier,
ISBN 978-3950379129
(In diesem Buch beschreiben wir unterschiedliche naturorientierte Gemeinschafts- und Gemeindegärten in Österreich und Deutschland. Zu jeder Initiative wurden von der bekannten Köchin Eva Maria Lipp neue Rezepte entwickelt.)

Wildblumenwiese

Voitsauer Wildblumensamen
Saatgut
www.wildblumensaatgut.at

Reinsaat
www.reinsaat.at
www.wildeblumen.at

Bingenheimer Saatgut
www.bingenheimersaatgut.de

ÜBER DIE AUTOREN

Sandra Peham

Sandra Peham ist Kindergarten- und Hortpädagogin, Montessoripädagogin für Kinderhaus und Schule sowie Kindermentaltrainerin. Sie hat von Jugend an großes Interesse an Entwicklung und der „Magie des Lernens“. Durch die Geburt ihres ersten von drei Kindern, welches viel zu früh zur Welt kam und danach große gesundheitliche Probleme zu bewältigen hatte, veränderten sich ihr Leben und daher auch ihr Zugang zu Gesundheit, Natur und Umwelt.

Der natürliche Zugang für Kinder und Erwachsene jeden Alters zu Natur und Garten ist für sie von großer Wichtigkeit.

Gemeinsam mit Ehemann Johann Peham entwickelte sie Initiativen zum Klimaschutz und zur Klimaanpassung. Dazu gehören KLIMA-FIT-Projekte für Kinderbetreuungseinrichtungen und Schulen sowie „essbare, bunte Gemeinden und Städte“.

Johann „Johnny“ Peham

Johann Peham berät und unterstützt in seiner Funktion als Permakulturpraktiker und Wildniskulturberater Menschen und Initiativen seit vielen Jahren dabei, Grundstücke optimal und im Sinne der Natur und Umwelt umzugestalten und zu bewirtschaften.

Gemeinsam mit Ehefrau Sandra und Kollegen sowie Kolleginnen prägt er den Begriff WILDNISKULTUR: die harmonische Vereinbarkeit von Wildheit und Kulturpflanzen. Als Pionier dieser neuen, erfrischenden Art, Umweltschutzmaßnahmen ganz leicht in den eigenen Garten einfließen zu lassen, machte er sich national und international einen Namen.

Auszeichnungen

Grazer des Jahres 2013 für die Umsetzung der „1. Essbaren Gemeinde Österreichs“ in Übelbach, Kleine Zeitung Steiermark
Gewinner des Jurypreises, Magazin „Chrismon“ für den ersten „Perma-/Wildniskulturspielplatz“ in Übelbach, 2014

Gewinner der Universität Salzburg (Ö1 Hörsaal), 2015 für die Initiative „1. Essbare Gemeinde Österreichs/Übelbach“
Gemeinsam mit der Kinderschule TAPTANA/Leoben für KLIMA-FIT – Permakultur macht Schule – Das essbare, bunte Klassenzimmer: Energy Globe Styria Award 2018

Weitere Infos zu Sandra und Johnny Peham sowie Termine rund um die WILDNISKULTUR

Youtube-Kanal: Permakultur-Wildniskultur Peham: https://www.youtube.com/channel/UCUeAb38GTfKnz9Z-m7PsK9Q

Website: www.permakulturwildniskultur.wordpress.com

Social Media:

Verein Permakultur-Wildniskultur

permakultur.wildniskultur

Sandra Peham

Aus unserem Programm

ISBN 978-3-7020-1037-9

ISBN 978-3-7020-0970-0

ISBN 978-3-7020-1324-0

ISBN 978-3-7020-1653-1

Leopold Stocker Verlag

Graz – Stuttgart

www.stocker-verlag.com

Aus unserem Programm

ISBN 978-3-7020-1505-3

ISBN 978-3-7020-1652-4

ISBN 978-3-7020-1585-5

ISBN 978-3-7020-1586-2